Teoria Feminista

TEORIA FEMINISTA
Da Margem ao Centro

bell hooks

TRADUÇÃO: RAINER PATRIOTA

PALAVRASNEGRAS

INSTITUTO **AMMA** PSIQUE E NEGRITUDE
Cleber Santos Vieira
Clélia Prestes
Deivison Faustino (Nkosi)
Dennis de Oliveira
Fabiana Villas Boas

Tradução Rainer Patriota
Revisão da tradução Nelson Patriota e Clélia Prestes
Coordenação de texto Luiz Henrique Soares e Elen Durando
Edição de texto Marcio Honorio de Godoy
Revisão Simone Zac
Projeto gráfico Sergio Kon
Capa Bicho Coletivo [*ilustração* Luisa Moritz Kon]
Editoração A Máquina de Ideias/Sergio Kon
Produção Ricardo W. Neves e Sergio Kon

© Gloria Watkins
Todos os direitos reservados.
Tradução autorizada da edição em língua inglesa publicada
pela Routledge, membro da Taylor & Francis Group LLC.

Dados Internacionais de Catalogação na Publicação (CIP)
(Câmara Brasileira do Livro, SP, Brasil)

---

hooks, bell, 1952-
    Teoria feminista : da margem ao centro / bell hooks ; tradução
Rainer Patriota. – São Paulo : Perspectiva, 2019. – (Palavras negras)

    Título original: Feminist theory from margin to center
    Bibliografia.
    ISBN 978-85-273-1166-3
    1. Feminismo - Estados Unidos - Avaliação 2. Marginalidade
social - Estados Unidos 3. Mulheres afro-americanas - Atitudes 4.
Teoria feminista I. Título. II. Série.

19-30750   CDD-305.420973

Índices para catálogo sistemático:
1. Estados Unidos : Movimento feminista : Sociologia 305.420973
Maria Paula C. Riyuzo – Bibliotecária – CRB-8/7639

1ª edição, 5ª reimpressão

Direitos reservados em língua portuguesa à
EDITORA PERSPECTIVA LTDA.

Alameda Santos, 1909, cj. 22
01419-100 São Paulo SP Brasil
Tel.: (11) 3885-8388
www.editoraperspectiva.com.br

2024

A nós, irmãs –
Angela, Gwenda, Valeria, Theresa, Sarah

Por tudo o que temos partilhado,
por tudo o que temos realizado juntas,
por nossa permanente cumplicidade.

Sumário

Apresentação
[*Claudia Pons Cardoso*]
9

Nota da Edição
12

Agradecimentos
13

Prefácio à Nova Edição –
Vendo a Luz: Feminismo Visionário
15

Prefácio à Primeira Edição
23

1   Mulheres Negras: Moldando a Teoria Feminista
    27

2   Feminismo: Um Movimento Para Acabar
    Com a Opressão Sexista
    47

3   A Importância do Movimento Feminista
    67

4   Irmandade: A Solidariedade Política Entre Mulheres
    79

5   Homens: Companheiros de Luta
    III

6   Mudando as Perspectivas Sobre o Poder
     131

7   Repensando a Natureza do Trabalho
     147

8   Educando Mulheres: Uma Agenda Feminista
     163

9   O Movimento Feminista Para Acabar Com a
     Violência
     175

10   Parentalidade Revolucionária
     195

11   Pondo Fim à Opressão Sexual Contra a Mulher
     215

12   A Revolução Feminista: Desenvolvimento Por Meio
     da Luta
     229

Notas
     239
Bibliografia
     243
Índice
     249

Apresentação

Cláudia Pons Cardoso[1]

Em 1984, bell hooks publicava, nos EUA, *Feminist Theory: From Margin to Center*, "da margem ao centro", como anuncia o subtítulo para se contrapor às muitas teorias feministas criadas por mulheres brancas letradas privilegiadas, que falavam a partir do centro, adotando um ponto de vista que muito raramente inclui aquelas que vivem na margem. A teoria feminista do centro é limitada, pois carece de análises que promovam a ampliação e acolhimento da pluralidade de vivências.

Paralelamente a esse cenário político e teórico do feminismo estadunidense, o movimento de mulheres negras no Brasil dava corpo às suas ações pela mobilização e participação de ativistas negras. Nessa época, engendramos e organizamos uma agenda "de mulheres" negras, e fizemos da autodefinição o lastro para a construção de nossa autonomia política. O movimento colocou a raça em evidência, revelando o racismo como determinante no processo de opressão, discriminação e exclusão das mulheres negras. *Enegreceu* o lugar que ocupamos no gênero. Em relação ao movimento feminista, reconhecíamos sua importância como teoria e prática para as lutas e conquistas das mulheres, porém as contradições e ambiguidades das feministas brancas no enfrentamento ao racismo sempre foram muitas, dificultando a formação de alianças mais estreitas, sem falar das teorias que nos causavam estranhamento por não incluírem nossas trajetórias contra o racismo patriarcal. A nós interessava, e continua a interessar, parafraseando Sueli Carneiro[2], um feminismo que tem como eixo principal articulador o racismo e seu impacto sobre as relações de gênero.

Teoria Feminista: Da Margem ao Centro traduz o *estranhamento* que sentíamos na crítica às teorias produzidas por feministas incapazes de falar com grupos diversos porque não entendem completamente ou seriamente a inter-relação entre os vetores de exclusão, diz bell hooks. Os grupos feministas eram espaços fechados às propostas, saberes e experiências das mulheres negras e brancas pobres, porque eram as experiências das mulheres brancas privilegiadas que legitimavam o processo. bell hooks percorre outro caminho, o trilhado por aquelas que estão na margem, sendo que estar na margem, como ela explica, é fazer parte do todo, mas fora do corpo principal. É conhecer ambos os lugares, o seu próprio contexto e o dos opressores. É ter um olhar tanto de fora para dentro como de dentro para fora. Assim, as análises apresentadas por ela abordam o contexto de opressão e exclusão das mulheres negras, estruturado por racismo e sexismo, na diáspora negra, mas também o de lutas, de subversões e de redefinições para projetar novos horizontes. Ela fala sobre o que sentimos, sua narrativa teoriza nosso vivido.

Segundo a autora, *Teoria Feminista: Da Margem ao Centro* foi escrito para atender à necessidade de uma teoria voltada a um movimento baseado nas massas, uma teoria que analisasse a cultura de um ponto de vista feminista enraizado numa compreensão do gênero, da raça e da classe. Luiza Bairros[3], ao se referir ao feminismo brasileiro, explicita que, sem o movimento das mulheres negras, as ideias do movimento feminista majoritariamente branco não teriam conseguido a penetração popular que possuem hoje. Luiza credita às mulheres negras o feito de tornar termos fundamentais do feminismo moeda corrente para uma parcela significativa da população. Na afirmação de nossa identidade feminista, nós, ativistas negras, historicamente consideradas "as outras do feminismo", em diferentes contextos, construímos epistemologias feministas negras decoloniais, tomando por base nossas experiências e as de nossas antepassadas, e iniciamos elaborações acerca do feminismo totalmente opostas às concepções hegemônicas, que terminaram por contribuir para o fortalecimento do próprio feminismo, já que o deslocamos da perspectiva construída a partir de privilégios do centro para a perspectiva da vivência da margem. É disso que fala a autora deste livro.

bell hooks revisita suas memórias em busca de uma prática feminista iniciada no lar patriarcal de sua infância para tecer uma teoria feminista. Ao revelar e partilhar sua trajetória, ela nos envolve e nos inspira a revisitar nossas memórias para que recuperemos experiências próprias de práticas feministas ou de compromisso com a luta feminista, demonstrando as diferenças nas trajetórias das mulheres.

Sua narrativa é política, com linguagem acessível – uma característica dos seus escritos –, e tem por objetivo atingir um maior número de pessoas, promover a reflexão, comunicar e chamar para a luta feminista, a qual possui um potencial revolucionário quando entendida e direcionada a ser um movimento que pretende acabar com a opressão sexista. Ela faz da escrita um instrumento de mobilização feminista, que alcança e sensibiliza todas(os), mulheres e homens, a participar igualmente dessa luta revolucionária.

Esta é uma obra basilar do feminismo negro que, ao abordar os processos de opressão das mulheres negras, das mulheres situadas na margem, dá sentido à centralidade da luta feminista, ao enfrentamento do racismo patriarcal heteronormativo. Feminismo é um compromisso ético, político, teórico e prático com a transformação da sociedade a partir de uma perspectiva antirracista, antissexista, antilesbofóbica, anti-homofóbica, antitransfóbica, anticapitalista. *Teoria Feminista: Da Margem ao Centro* é, assim, uma convocação para a construção de uma nova ordem social.

Nota da Edição

O leitor mais jovem poderá estranhar o uso aqui de alguns termos que, principalmente graças à luta feminista e dos ativistas LGBTQ+, não são mais empregados, como "lesbianismo"(onde hoje escreveríamos "lesbianidade"), "preferência ["escolha/opção"] sexual" (em vez de "orientação sexual"), além da flexão de gênero. Esses (*lesbianism*, *preferences*, *choice*) eram, no entanto, os termos utilizados à época em que o livro foi escrito e vêm sendo mantidos nas novas edições da obra em inglês, daí a opção editorial por manter-se fiel ao original e não adequá-los ao contexto cultural atual.

Agradecimentos

Nem todas as mulheres, na verdade muito poucas, têm tido a sorte de viver e trabalhar entre mulheres e homens ativamente envolvidos no movimento feminista. Muitas de nós vivem em circunstâncias e ambientes em que precisamos nos engajar sozinhas na luta feminista, com apoio e afirmação ocasionais. Fiquei isolada durante boa parte do tempo em que estive escrevendo *Ain't I a Woman: Black Women and Feminism* (Não Sou uma Mulher? As Mulheres Negras e o Feminismo). Minha esperança era que a publicação dessa obra fosse me aproximar das ativistas feministas, especialmente das mulheres negras. Ironicamente, algumas das mais destacadas porta-vozes negras do movimento feminista reagiram ao meu livro com críticas *trashing*[1], não apenas contra o texto, mas também contra a minha pessoa. E como eu esperava uma avaliação séria e rigorosa da minha obra, fui pega de surpresa e totalmente despreparada pela hostilidade e pelo desprezo dirigidos a mim por mulheres que eu não considerava, e nem considero, como inimigas. Apesar dessas reações, partilho com elas o compromisso firme com a luta feminista. Para mim, isso não significa que temos de nos aproximar do feminismo a partir de uma mesma perspectiva. Não significa que temos uma base firme para nos comunicar, que nosso compromisso político deveria nos levar a conversar e lutar juntas. Infelizmente, costuma ser mais fácil ignorar, descartar, rejeitar e mesmo machucar um ao outro do que se envolver em embates construtivos.

Se não fossem as reações majoritariamente positivas ao livro por parte das mulheres negras que se sentiram compelidas por ele a repensar ou pensar pela primeira vez o impacto do sexismo em nossas vidas e a importância do movimento feminista, eu poderia ter ficado terrivelmente decepcionada e desiludida. Graças a elas e a muitas outras pessoas, mulheres e homens, este livro não foi escrito em isolamento. Sou especialmente grata aos cuidados e ao apoio que recebi de Valeria e Gwenda, minhas irmãs mais novas; de Beverly, minha amiga e parceira de luta; de Nate, minha companheira; e do coletivo da editora South End. Esses estímulos renovam meu compromisso com as políticas feministas e fortalecem minha convicção de que o valor de um escrito feminista precisa ser avaliado não apenas pela reação que suscita entre as ativistas feministas, mas pela sua capacidade de trazer para dentro da luta feminista aquelas pessoas, mulheres e homens, que até então estavam de fora.

Prefácio à Nova Edição
Vendo a Luz: Feminismo Visionário

O movimento feminista continua sendo uma das frentes mais poderosas de luta por justiça social no mundo de hoje. Aos dezenove anos de idade, concluí o primeiro esboço de meu primeiro livro feminista – *Ain't I a Woman: Black Women and Feminism* (Não Serei Eu Mulher? As Mulheres Negras e o Feminismo). O livro foi publicado quase dez anos depois. Nesse meio tempo, me envolvi cada vez mais com a criação de uma teoria feminista. Geralmente, quando as pessoas falam ou escrevem sobre o movimento feminista contemporâneo, dão a entender que, em seus começos, havia um conjunto de princípios e crenças lhe servindo de base. Na verdade, quando a marcha feminista teve início no final dos anos 1960, ela foi protagonizada por mulheres que, em geral, sequer sabiam da existência umas das outras. Não havia uma plataforma comum definida com clareza.

Enquanto Betty Friedan escrevia sobre "o problema que não tem nome", denunciando o modo como a discriminação sexista afetava as mulheres brancas, com diplomas e privilégios de classe, Septima Clark, Ella Baker, Fannie Lou Hamer e Ann Mood, juntamente com mulheres negras de toda parte dos Estados Unidos, desafiavam o sexismo dentro do movimento pelos direitos civis.

Não sabemos quem usou "pela primeira vez" a expressão "libertação das mulheres" nem consideramos que isso tenha alguma importância. Significativo é antes o fato de que, como mostra a história do movimento feminista contemporâneo, em toda parte havia mulheres lutando contra o sexismo. Quando essas mulheres começaram a se encontrar e trocar experiências, aquela rebelião coletiva passou a ser conhecida como "libertação das mulheres" (*women's liberation*), desdobrando-se posteriormente no movimento feminista. A luta feminista ocorre a qualquer época onde quer que uma mulher ou um homem se erga contra o sexismo, contra a exploração sexista e a opressão. O movimento feminista acontece quando grupos de pessoas se reúnem em torno de uma estratégia organizada no intuito de combater o patriarcado.

Cresci e fui educada no seio de uma família patriarcal; e foi a partir dela que desenvolvi uma consciência feminista. Meu grito de revolta feminista ocorreu quando decidi ingressar na universidade, desafiando as crenças patriarcais de meu pai e o receio de minha mãe, pois, na visão deles, estudar demais não "combinava" com os interesses de uma mulher de verdade. Envolvi-me com o movimento feminista na época da faculdade. Em toda parte, as mulheres engajadas em causas políticas radicais (a libertação do povo negro, socialismo, pacifismo, direitos ambientais) tinham sua atenção voltada para a questão de gênero. Apoiando-se no trabalho das ativistas que lançaram o movimento de libertação das mulheres, escrevendo manifestos e artigos acadêmicos com tomadas de posição, as estudantes foram encorajadas a examinar o passado, a encontrar e revelar as histórias soterradas das mulheres, a trazer à tona nosso legado feminista. E, enquanto isso acontecia, um outro campo de estudos acadêmicos centrado na mulher estava surgindo: a teoria feminista.

Diferentemente dos estudos feministas focados na recuperação do passado, da história de heroínas esquecidas, de escritoras, e assim por diante, ou preocupados em documentar pelo prisma das ciências sociais as várias realidades da mulher contemporânea, a teoria feminista, a princípio, se apresentou como espaço para colocar em discussão os papéis de gênero herdados de uma tradição sexista. Tratou-se de conferir um caráter revolucionário ao movimento, a partir do qual se pretendia chegar a uma transformação da cultura patriarcal. No final dos anos 1970, as pensadoras feministas já haviam se engajado numa crítica dialética daquele pensamento feminista forjado na esteira do radicalismo de dez anos atrás. Tal crítica lançou as bases para uma teoria feminista revisionista.

O pensamento e a prática feministas foram profundamente alterados quando mulheres negras e brancas de postura radical começaram, juntas, a desafiar a ideia de que o "gênero" era o fator que, acima de todos, determinava o destino de uma mulher. Ainda me recordo do incômodo que causei numa turma de estudos da mulher que frequentei – uma turma formada só por mulheres brancas, sendo eu a exceção, mulheres que, em sua maior parte, provinham de um ambiente privilegiado – quando interrompi uma discussão sobre a origem da dominação em que se argumentava que, quando uma criança vem ao mundo, o fator mais importante a ser considerado era o gênero. Afirmei que, quando uma criança nasce de mãe e pai negros, o fator de maior importância é a cor da pele, depois o gênero, porque a raça e o gênero irão determinar o destino dessa criança. Atentar para a inter-relação entre gênero, raça e classe social foi a perspectiva que mudou a orientação do pensamento feminista.

No começo do movimento feminista era mais fácil aceitar que a combinação de gênero, raça e classe social determinava o destino das mulheres, porém muito mais difícil era compreender como isso deveria concretamente moldar e elucidar a prática feminista. Enquanto as feministas geralmente falavam da necessidade de se construir um movimento feminista de massas, não havia nenhuma fundação sólida sobre a qual edificar esse movimento. Ter sido estruturado em cima de uma plataforma estreita não foi o único problema do movimento de libertação das mulheres; não menos grave foi ter dado prioridade a questões relevantes primordialmente para mulheres com privilégios de classe (em maior parte, brancas). Precisávamos de uma teoria capaz de mapear ideias e estratégias para um movimento de massas, uma teoria que examinasse nossa cultura de um ponto de vista feminista enraizado numa compreensão das questões de raça, gênero e classe social. Foi em resposta a essa necessidade que escrevi *Teoria Feminista: Da Margem ao Centro*.

Hoje em dia é tão comum para a militância feminista evocar a tríade gênero, raça e classe social que as pessoas frequentemente se esquecem de que, no início, a maior parte das pensadoras feministas, muitas delas brancas e provenientes de classes privilegiadas, era refratária a essa perspectiva. As pensadoras feministas radicais/revolucionárias que queriam falar sobre gênero com base na tríade raça, sexo e classe social eram chamadas de traidoras e acusadas de destruírem o movimento mediante uma mudança de foco. De modo geral, nosso trabalho era ignorado e impiedosamente criticado, considerado pouco acadêmico e excessivamente polêmico. Naqueles dias, as mulheres de cor eram normalmente encorajadas pelas companheiras brancas a falar sobre raça, ao passo que nossas ideias sobre todos os outros aspectos do movimento feminista eram deixadas de lado. Protestamos contra essa marginalização de nossa perspectiva partilhando nosso compromisso com a criação de uma teoria feminista abrangente, endereçada a um amplo leque de questões. Esse compromisso é a base ética de *Teoria Feminista: Da Margem ao Centro*.

Um dos aspectos mais afirmativos do movimento feminista tem sido a formação de um ambiente intelectual alimentado por um fluxo contínuo de críticas e trocas dialéticas. Abrir os ouvidos para o que as pensadoras radicais (incluindo as de cor) tinham a dizer mudou a fisionomia da teoria e da prática feministas. Muitas daquelas mulheres brancas pouco esclarecidas a esse respeito conseguiram quebrar as amarras de seu preconceito e começaram a examinar por um novo prisma o modo como a questão de gênero vinha sendo abordada até aquele momento. Em nossa sociedade não se encontra outro movimento por justiça social tão autocrítico quanto o movimento feminista. Essa disposição para mudar de direção sempre que necessário tem sido a principal fonte de vitalidade e força para a luta feminista. Essa crítica interna é essencial para qualquer política de transformação. Assim como nossas vidas não são estáticas, estão sempre mudando, nossa teoria tem de permanecer fluida, aberta, permeável ao novo.

Quando saiu a primeira edição deste livro, ela foi saudada e celebrada por pensadoras feministas ávidas de uma nova visão. Mesmo assim, algumas pessoas consideraram a teoria aqui exposta como "provocativa" e "desconcertante". Expressões como "dissecação cruel" foram usadas por críticos que resenharam o livro. Naquela época, o *mainstream* do movimento feminista simplesmente fez vista grossa a este trabalho, como costumava fazer diante de qualquer teoria feminista considerada "excessivamente crítica" e "excessivamente radical".

Como uma obra visionária, *Teoria Feminista: Da Margem ao Centro* foi apresentada a um mundo feminista que ainda não estava preparado para ela. Lentamente, à medida que as pensadoras feministas (principalmente as brancas) foram entendendo a questão do gênero pela perspectiva da tríade raça, sexo e classe social, este livro começou a receber a atenção que merecia. Hoje, ele ocupa seu lugar junto a outros textos visionários que vieram alterar de uma forma positiva e construtiva o pensamento feminista contemporâneo.

O plano do movimento feminista presente nesta obra é perfeitamente razoável. Tão relevante para a situação atual quanto o foi há alguns anos, oferece diretrizes para a edificação de um movimento feminista de massa, algo que ainda buscamos desesperadamente. Escrito numa linguagem bem mais acessível do que boa parte da teoria feminista atual, encarna a esperança feminista de que podemos encontrar uma linguagem comum a ser disseminada mundo afora. De lá para cá, o pensamento feminista acadêmico se afastou da vida da maior parte das pessoas nessa sociedade. E é justamente essa distância que faz com que o pensamento feminista pareça rarefeito e irrelevante para a maioria das pessoas. Neste livro enfatizo que precisamos de escritos feministas que falem para qualquer um, pois, do contrário, a educação feminista para uma consciência crítica não poderá vingar.

O movimento feminista gerou mudanças profundamente positivas na vida de meninos e meninas, mulheres e homens, que vivem em nossa sociedade sob um sistema político fundado num patriarcado capitalista, imperialista e de supremacia branca. E embora o feminismo *trashing* – que pratica críticas abusivas ou até mesmo verdadeiras campanhas de desmoralização pública contra indivíduos – venha se tornando um lugar comum, o fato permanece: todos se beneficiaram de uma revolução cultural empreendida pelo movimento feminista contemporâneo. Ele mudou nossa forma de ver o mundo, de trabalhar e de amar. E mesmo assim o movimento feminista não produziu uma revolução sustentável. Não acabou com o patriarcado, não erradicou o sexismo nem a exploração e a opressão sexistas. Em consequência, os ganhos feministas estão sempre em risco.

Já estamos testemunhando grandes perdas na arena dos direitos reprodutivos. Assiste-se a uma escalada da violência contra a mulher. A força de trabalho está diariamente reinstaurando o viés de gênero. Críticos raivosos do feminismo culpam o movimento pela violência familiar, conclamando mulheres e homens a darem as costas ao pensamento feminista e a retornarem aos seus papéis de gênero definidos em termos sexistas. A mídia patriarcal ou difama o feminismo ou o apresenta ao público como desnecessário, já morto e enterrado. Mulheres oportunistas aplaudem o sucesso feminista, mas nos dizem que o movimento já não é necessário, pois "todas as mulheres melhoraram suas vidas"; isso a despeito do fato de estarmos num mundo em que as mulheres estão se tornando a maioria entre os pobres de nossa nação, em que mães solteiras são patologizadas, em que nenhuma assistência social está disponível para socorrer necessitados e indigentes, em que a maior parte das mulheres de todas as idades não tem acesso a um plano básico de saúde. E apesar dessa crua realidade, o discurso feminista visionário se acha cada vez mais restrito aos ambientes da elite culta. Se permanecer confinada, a mensagem feminista não será ouvida, e o movimento acabará fenecendo.

Se quisermos renovar a luta feminista e garantir que estamos na direção certa, ainda precisamos de uma teoria feminista que fale a todos, que deixe todos cientes de que o movimento feminista pode mudar suas vidas para melhor. Essa teoria, assim como a análise oferecida em *Teoria Feminista*, sempre irá nos desafiar, sacudir, provocar, mudar nossos paradigmas e nosso modo de pensar, dando uma guinada em nossas vidas. É o que fazem as revoluções. E a revolução feminista é necessária caso queiramos viver num mundo livre de sexismo; em que a paz, a liberdade e a justiça prevaleçam; um mundo sem dominação. Se trilharmos um caminho feminista, é aonde chegaremos. *Teoria Feminista: Da Margem ao Centro* pretende continuar iluminando essa necessária caminhada.

Prefácio à Primeira Edição

Estar na margem é fazer parte de um todo, mas fora do corpo principal. Para a maioria dos habitantes negros de uma pequena cidade do estado de Kentucky, os trilhos da estrada de ferro nos faziam recordar diariamente nossa marginalidade. Do lado de lá desses trilhos, havia ruas pavimentadas, lojas em que não podíamos entrar, restaurantes onde não podíamos nos sentar e comer, e pessoas que não podíamos olhar diretamente no rosto. Do lado de lá desses trilhos, havia um mundo em que podíamos trabalhar como empregadas domésticas, zeladoras e prostitutas, claro, desde que fôssemos capacitadas para o serviço. Podíamos frequentar esse mundo, mas não viver nele. Tínhamos sempre de retornar à margem, cruzar de volta os trilhos da estrada de ferro e nos recolher a barracos e casas abandonadas na periferia da cidade.

Havia leis para assegurar nosso retorno. Não retornar implicava risco de punição. E por viver como vivíamos – nas extremidades – desenvolvemos um modo particular de enxergar as coisas. Olhávamos tanto de fora para dentro quanto de dentro para fora. Focávamos nossa atenção no centro assim como na margem. Compreendíamos ambos. Essa forma de ver nos lembra da existência de todo um universo, um corpo principal com sua margem e seu centro. Nossa sobrevivência depende de uma conscientização pública contínua da separação entre margem e centro e de um contínuo reconhecimento privado de que nós somos uma parte necessária, vital, desse todo.

Esse senso de inteireza, gravado em nossas consciências pela estrutura de nossas vidas cotidianas, haveria de nos prover de uma visão de mundo contestadora – um modo de ver desconhecido de nossos opressores – que nos sustentava, ajudando-nos em nossa luta para superar a pobreza e o desespero, fortalecendo nossa percepção de nós mesmas e nossa solidariedade.

O desejo de explorar todas as possibilidades foi a perspectiva que norteou a escrita de *Teoria Feminista: Da Margem ao Centro*. Muitas teorias feministas foram elaboradas por mulheres privilegiadas que vivem no centro, cujas perspectivas sobre a realidade raramente incluem o conhecimento e a experiência vivida por aquelas mulheres e homens que vivem na margem. Como consequência, falta inteireza à teoria feminista, falta aquela amplitude analítica capaz de abarcar uma variedade de experiências humanas. Embora as teóricas do feminismo estejam conscientes da necessidade de desenvolver ideias e análises que abarquem um grande número de experiências e que sirvam para unificar e não para gerar polarizações, esse tipo de teoria é complexo e sua formação é lenta. Em sua constituição mais visionária, irá emergir daqueles indivíduos que possuam um conhecimento tanto da margem quanto do centro.

Foi a escassez de material de e sobre mulheres negras que me levou a pesquisar e escrever *Ain't I a Woman: Black Women and Feminism*. Foi a ausência de uma teoria feminista que desse conta tanto da margem quanto do centro que me levou a escrever este livro. Nas páginas que seguem, exploro as limitações de vários aspectos da teoria e da prática feministas, propondo novas direções. Tento não repetir ideias já amplamente conhecidas e discutidas, procurando, em vez disso, explorar novos temas ou novas perspectivas sobre velhos temas. Como consequência, alguns capítulos são longos, e outros bastante curtos; nenhum deles pretende fornecer uma análise completa. Ao longo de todo o trabalho, meus pensamentos foram moldados pela convicção de que o feminismo precisa se tornar um movimento político de massa para que possa ter algum impacto revolucionário, transformador, em nossa sociedade.

"O movimento feminista continua sendo uma das frentes mais poderosas de luta por justiça social no mundo de hoje.

Como grupo, as mulheres negras estão numa posição peculiar na sociedade, não apenas porque, em termos coletivos, estamos na base da pirâmide ocupacional, mas também porque o nosso status social é inferior ao de qualquer outro grupo. Isso significa que carregamos o fardo da opressão sexista, racista e de classe.

1

Mulheres Negras:
Moldando a Teoria Feminista

Nos Estados Unidos, o feminismo nunca foi protagonizado pelas mulheres que mais sofrem com a opressão sexista; que são diariamente subjugadas, mental, física e espiritualmente – mulheres sem o poder de mudar suas condições de vida. Elas formam uma maioria silenciosa. E é característico dessa condição de vítima que elas aceitem o destino que lhes é imposto sem nenhum questionamento, sem nenhum protesto organizado, sem articular de forma coletiva sua raiva e sua fúria. *The Feminine Mystique* (A Mística Feminina), de Betty Friedan, ainda é apontado como um precursor do movimento feminista contemporâneo – ora, ele foi escrito como se essas mulheres não tivessem existido. (Embora *A Mística Feminina* tenha sofrido críticas e ataques de várias frentes, chamo novamente a atenção para ele porque certas premissas enviesadas sobre a natureza do *status* social da mulher sugeridas por esse texto continuam a moldar o teor e a direção do movimento feminista.)

A famosa frase de Friedan, "o problema que não tem nome", geralmente citada para descrever a condição da mulher nessa sociedade, na verdade se referia ao drama de um seleto grupo de esposas brancas das classes média e alta, com nível superior – mulheres do lar, entediadas pelas horas de lazer, atividades domésticas, crianças e compras, e que esperavam mais da vida. Friedan termina o primeiro capítulo de seu livro com a seguinte assertiva: "Não podemos continuar ignorando aquela voz dentro das mulheres que diz: 'Quero algo mais do que meu marido, meus filhos e minha casa.'" Ela definiu esse "algo mais" como a carreira. Ela não discute quem seria chamado a tomar conta das crianças e manter a casa, no caso de mais mulheres como ela serem liberadas de seu trabalho doméstico e conseguirem ingressar no mundo profissional em condições equivalentes às dos homens brancos. Ela não fala das necessidades das mulheres sem homens, sem filhos, sem um lar. Ela simplesmente ignora a existência de todas as mulheres que não são brancas ou que são brancas, porém pobres. Ela não diz aos leitores se a vida de uma empregada doméstica, de uma *baby-sitter*, de uma operária, de uma secretária ou de uma prostituta traz mais realizações do que a vida de uma esposa da classe do lazer[1].

Ela fez de seu drama e do drama de mulheres brancas como ela o sinônimo da condição de todas as mulheres da América. Com isso, disfarçou suas atitudes classistas, racistas e sexistas em relação à população feminina da América. No contexto de seu livro, Friedan deixa claro que as mulheres vistas por ela como vítimas do sexismo eram as mulheres brancas com ensino superior e condenadas pelo sexismo ao confinamento doméstico. Ela diz:

> É urgente entender como a condição de dona de casa pode criar na mulher um sentimento de vazio, de não existência, de nulidade. Existem aspectos nesse papel que tornam quase impossível para uma mulher intelectualmente adulta preservar um senso de identidade humana, aquele núcleo chamado de "si-mesmo" [*self*], sem o qual um ser humano não está verdadeiramente vivo. Para as mulheres dotadas de alguma habilidade na América de hoje, estou convencida de que existe algo na condição de esposa e dona de casa que é em si mesmo perigoso.

Os problemas e dilemas específicos das esposas brancas da classe do lazer eram questões reais dignas de preocupação e mudança, mas não eram as questões políticas prementes da maior parte da população feminina. A maior parte das mulheres estava preocupada com a sobrevivência econômica, a discriminação racial e étnica etc. Quando Friedan escreveu *A Mística Feminina*, mais de um terço das mulheres estavam na força de trabalho. Embora muitas mulheres desejassem se tornar esposas, apenas as com tempo livre e dinheiro podiam realmente moldar sua identidade segundo os termos da "mística feminina". Essas mulheres, nas palavras de Friedan, "eram aconselhadas pelos mais avançados pensadores de nossa época a recuar e viver suas vidas como se fossem Noras[2], confinadas à casa de bonecas em virtude de preconceitos vitorianos".

A julgar por seu escrito de juventude, é como se Friedan nunca tivesse se perguntado se o drama das esposas brancas e com ensino superior era um ponto de referência adequado para aferir o impacto do sexismo ou da opressão sexista na vida das mulheres na sociedade estadunidense. Nem foi além de sua própria experiência de vida para adquirir uma perspectiva expandida sobre a vida das mulheres nos Estados Unidos. Não digo isso para desacreditar seu trabalho. Ele permanece sendo uma discussão útil sobre o impacto da discriminação sexista dentro de um seleto grupo de mulheres. Por outro lado, podemos considerá-lo útil como um estudo de caso sobre narcisismo, insensibilidade, sentimentalismo, autoindulgência, cujo momento mais extremo ocorre quando Friedan, no capítulo intitulado "Desumanização Progressiva", traça uma comparação entre os efeitos psicológicos do isolamento das esposas brancas e o impacto do confinamento sobre o sentimento de identidade dos prisioneiros dos campos de concentração nazistas.

Friedan teve um papel fundamental na formação do pensamento feminista contemporâneo. Sintomaticamente, a perspectiva unidimensional sobre a realidade feminina apresentada em seu livro tornou-se um traço marcante do movimento feminista atual. Como a própria Friedan antes dele, as mulheres brancas que hoje dominam o discurso feminista raramente se perguntam se a perspectiva que exibem corresponde verdadeiramente à experiência da mulher como grupo. E nem se dão conta do quanto suas perspectivas refletem um viés de classe e de raça, mesmo se, em tempos recentes, a consciência desse tipo de viés seja cada vez maior. O racismo emerge constantemente nos escritos das feministas brancas, o que só reforça a supremacia branca e nega às mulheres a possibilidade de superar politicamente as limitações raciais e étnicas. Foi justamente por se recusar a ver e combater as hierarquias raciais que o feminismo do passado impediu que fosse feita a ligação entre raça e classe social. E, no entanto, a estrutura de classe da sociedade estadunidense foi moldada pela política racial da supremacia branca; somente analisando o racismo e suas funções na sociedade capitalista é que se pode chegar a uma plena compreensão das relações de classe. A luta de classes é indissociável da luta pelo fim do racismo. Num ensaio escrito já há alguns anos, intitulado "The Last Straw" (A Gota d'Água), Rita Mae Brown deu a seguinte explicação acerca do nexo entre a luta contra o racismo e o problema das classes sociais:

> O conceito de classe vai muito além da relação com os meios de produção definida por Marx. Classe envolve o seu comportamento, suas principais convicções sobre a vida. Suas experiências (determinadas pela sua classe) validam essas convicções, o modo como lhe ensinaram a se comportar, o que você espera de si e dos outros, o seu modo de entender e resolver problemas, seu modo de pensar, sentir e agir. São esses padrões de comportamento que as mulheres da classe média se recusam a reconhecer, mesmo que estejam inteiramente dispostas a aceitar o conceito de classe nos termos marxistas; é uma espécie de truque que as desincumbe da tarefa de enfrentar as implicações práticas do comportamento de classe, inclusive em suas próprias vidas. São esses padrões comportamentais que precisam ser reconhecidos, compreendidos e modificados.

As mulheres brancas que dominam o discurso feminista, que, em grande medida, fazem e articulam a teoria feminista, de um modo geral subestimam a supremacia branca como uma política racial, ignorando o impacto psicológico da situação de classe, bem como seu *status* político no interior da realidade capitalista, racista e sexista. Essa falta de consciência fez com que Leah Fritz, por exemplo, escrevesse, em *Dreamers and Dealers* (Sonhadores e Negociantes), seu livro de 1979, uma discussão acerca da situação corrente do movimento das mulheres:

> Padecer sob a tirania sexista é um elo comum entre todas as mulheres, transcendendo as particularidades das diferentes formas que a tirania assume. *O sofrimento não pode ser medido nem comparado quantitativamente.* O que é pior, o ócio forçado e o vazio que levam uma mulher "rica" à loucura e/ou ao suicídio ou o sofrimento de uma mulher pobre que mal consegue sobreviver, mas que de algum modo preserva seu espírito? Não há como medir essa diferença, mas se elas pudessem enxergar uma à outra sem as lentes da classe patriarcal, elas se reconheceriam no fato de serem ambas oprimidas, ambas miseráveis.

Esse pensamento ilusório é um outro exemplo de como a divisão social entre as mulheres tem sido mistificada de forma bastante perversa pelo discurso feminista. Se é verdade que muitas mulheres são vítimas da tirania sexista, há poucos indícios de que isso crie um "elo comum entre todas as mulheres". Há muito mais evidências corroborando o fato de que as identidades de raça e classe criam diferenças – raramente superadas – em termos de qualidade de vida, *status* social e estilo de vida, e que isso impera sobre todas as experiências comuns partilhadas pelas mulheres. Quando mulheres brancas cultas, privilegiadas em termos materiais, com muitas opções de carreira e estilo de vida diante de si insistem em que "o sofrimento não pode ser medido", é preciso indagar sobre seus motivos. Leah não é de modo algum a primeira feminista branca a afirmar isso. Mas esse é o tipo de afirmação que nunca ouvi de nenhuma mulher pobre, independentemente de sua cor. Embora discutível em muitos pontos, a crítica de Benjamin

Barber ao movimento das mulheres, expressa em *Liberating Feminism* (O Feminismo Libertador), é precisa quando diz:

> O sofrimento não é necessariamente uma experiência universal e estática que possa ser submetida a um único padrão de medida: ele está relacionado a situações, necessidades e aspirações. É preciso considerar alguns parâmetros históricos e políticos para o emprego do termo, de modo que algumas prioridades possam ser estabelecidas, e alguns tipos e níveis de sofrimento possam receber mais atenção que outros.

Um dos pressupostos fundamentais do pensamento feminista moderno é a afirmação de que "todas as mulheres são oprimidas". Isso implica dizer que as mulheres dividem um fardo comum, que fatores como classe, raça, religião, orientação sexual etc. não criam experiências distintas em que a intensidade da força opressiva do sexismo na vida da mulher varia de caso a caso. O sexismo é, sem dúvida, um sistema de dominação institucionalizado, mas nunca foi capaz de determinar de modo absoluto o destino das mulheres nessa sociedade. Ser oprimido significa *ausência de opções*. Esse é o primeiro ponto de contato entre o oprimido e o opressor. Na sociedade em que vivemos, muitas mulheres podem fazer escolhas (boas ou más); nesse sentido, termos como exploração e discriminação descrevem melhor o fardo comum da mulher estadunidense. Muitas delas não resistem de forma organizada ao sexismo justamente porque o sexismo não significa a completa impossibilidade de escolha. Elas até podem ter clareza de que são discriminadas em virtude do sexismo, mas não associam isso à opressão. Sob a regência do capitalismo, o patriarcado foi estruturado de modo que o sexismo restringe o comportamento das mulheres em alguns âmbitos, ao mesmo tempo que propicia liberdade de movimento em outras esferas. A ausência de restrições extremas leva muitas mulheres a ignorar os domínios nos quais elas são exploradas ou discriminadas; isso pode inclusive levá-las a imaginar que nenhuma mulher é oprimida.

Existem mulheres oprimidas nos Estados Unidos e é tanto apropriado quanto necessário usarmos nossa voz para combater essa opressão. A feminista francesa Christine Delphy observa, em seu ensaio "For a Materialist Feminism" (Por um Feminismo Materialista), que o uso do termo "opressão" é importante porque situa a luta feminista na moldura de uma política radical (para uma compreensão mais ampla da perspectiva de Christine Delphy, veja-se sua coletânea de ensaios *Close to Home* [Perto de Casa]):

> O renascimento do feminismo coincidiu com o uso do termo "opressão". A ideologia dominante, isto é, o senso comum, o discurso cotidiano, não fala de opressão, mas de uma "condição feminina". Ele repousa sobre uma concepção naturalista, reportando-se a uma situação imposta pela natureza, a uma realidade exterior fora de nosso alcance, não modificável pelas ações humanas. Já o termo "opressão", por seu turno, nos conduz a uma escolha, a uma explicação, a uma situação que é política. "Opressão" e "opressão social" são assim sinônimos, ou melhor, toda opressão, na verdade, é social: a ideia de uma origem política, ou seja, social, é inerente ao conceito de opressão.

No entanto, a ênfase feminina na ideia de "opressão comum" foi, nos Estados Unidos, menos uma estratégia de politização do que uma apropriação por parte de mulheres liberais e conservadoras de um vocabulário político radical, com o que puderam mascarar seu trabalho de manipulação dentro do movimento, fazendo-o focar e promover seus próprios interesses de classe.

Embora a busca por unidade e empatia refletida na noção de opressão comum estivesse orientada à construção de laços de solidariedade, *slogans* do tipo "organize-se para combater sua própria opressão" permitiram que muitas mulheres privilegiadas encontrassem um motivo para ignorar as diferenças entre seu *status* social e o *status* da maioria da população feminina. Se as mulheres brancas de classe média puderam fazer de seus interesses o foco principal do movimento feminista, empregando uma retórica que tornava sua condição sinônimo de opressão, isso ocorreu graças a seus privilégios de raça e classe social, em especial ao fato de viverem longe dos constrangimentos sexistas que vigoram no mundo das mulheres da classe trabalhadora. Quem estava lá para exigir uma mudança de vocabulário? Qual outro grupo de mulheres nos Estados Unidos tinha o mesmo acesso a universidades, editoras, mídia e recursos financeiros? Se mulheres negras de classe média tivessem iniciado um movimento em que rotulassem a si mesmas de "oprimidas", ninguém as teria levado a sério. Tivessem criado fóruns públicos e feito discursos sobre sua "opressão", teriam sido criticadas e atacadas por todos os lados. Mas não foi o que ocorreu com as feministas brancas da burguesia, pois elas podiam falar para um grande público de mulheres que, assim como elas, ansiavam por mudanças em sua vida. Isoladas em sua realidade particular, sem contato com mulheres provenientes de outros contextos raciais e sociais, faltava-lhes uma base imediata de comparação para testar a pertinência de seu discurso sobre a opressão comum.

A princípio, as militantes radicais do movimento protestaram contra o isolamento e reivindicaram a criação de um espaço para contato. Antologias como *Liberation Now!* (Libertação Agora!), *Women's Liberation: Blueprint For the Future* (Libertação das Mulheres: Plano Para o Futuro), *Class and Feminism* (Classe e Feminismo), *Radical Feminism* (Feminismo Radical) e *Sisterhood Is Powerful* (A Fraternidade Feminina É Poderosa), todas publicadas no começo dos anos 1970, contêm artigos que visam atingir um público feminino mais amplo, um público que não era exclusivamente branco, de classe média, universitário e adulto (algumas obras trazem artigos sobre adolescentes). Sookie Stambler articulou esse espírito radical em sua introdução a *Women's Liberation: Blueprint For the Future*:

> O movimento das mulheres foi sempre desvirtuado pela necessidade que a mídia tem de criar celebridades e *superstars*. Isso vai contra o fundamento de nossa filosofia. Não podemos nos

relacionar com as mulheres assumindo uma posição de prestígio e fama. Não estamos lutando em prol de uma mulher ou de um grupo de mulheres. Estamos lidando com questões que dizem respeito a todas nós.

Esses sentimentos, partilhados por muitas feministas no começo do movimento, infelizmente não perduraram. À medida que mais e mais mulheres adquiriram prestígio, fama ou dinheiro, quer com seus escritos feministas quer com os ganhos obtidos pelo movimento feminista em virtude da maior igualdade na força de trabalho, o oportunismo individual foi suplantando o apelo à causa coletiva. Mulheres que não se opunham ao patriarcado, ao capitalismo, à distinção de classes sociais ou ao racismo de repente passaram a se intitular como "feministas". Suas expectativas eram as mais variadas. Mulheres privilegiadas queriam igualdade com os homens de sua classe; algumas lutavam por salários iguais para trabalhos iguais; outras queriam um estilo de vida alternativo. Muitas dessas legítimas preocupações foram cooptadas pelo patriarcado capitalista dominante. A feminista francesa Antoinette Fouque assinala:

> As ações propostas pelos grupos feministas são um verdadeiro espetáculo e bastante provocativas. Mas a provocação só traz à tona um certo número de contradições sociais. Ela não revela as contradições radicais que perpassam a sociedade. As feministas afirmam que não querem ser iguais aos homens, mas sua prática demonstra o contrário. As feministas provêm de um vanguardismo burguês que preserva, de forma invertida, os valores dominantes. A inversão não propicia a passagem para um outro tipo de estrutura. O reformismo serve a todos! A burguesia, a ordem, o capitalismo, o falocentrismo estão todos prontos para integrar quantas feministas for preciso. Uma vez que essas mulheres estão se tornando homens, ao final teremos apenas uma quantidade a mais de homens. A diferença entre os sexos não consiste apenas em possuir ou não um pênis, mas se a pessoa é ou não uma parte integral da economia masculina fálica.

Nos Estados Unidos, as feministas estão conscientes das contradições. Carol Ehrlich, em seu ensaio "The Unhappy Marriage of Marxism and Feminism: Can it Be Saved?" (O Casamento Infeliz Entre o Marxismo e o Feminismo: Há Salvação Para Ele?), afirma que "o feminismo parece cada vez mais ter assumido uma aparência cega, segura, não revolucionária, na medida em que "o feminismo radical perde lugar para o feminismo burguês". E diz que "não podemos permitir que isso continue":

> As mulheres precisam saber (e estão cada vez mais longe dessa informação) que o feminismo não consiste em se vestir como uma celebridade ou se tornar executiva de uma grande corporação ou obter cargos eletivos; não significa ser capaz de conciliar emprego e casamento, de passar as férias esquiando e dispondo de muito tempo com seu marido e seus dois filhos queridos porque você possui uma empregada doméstica que possibilita tudo isso para você, mas que não possui nem tempo nem dinheiro para fazer o mesmo para si; não significa criar um banco para mulheres ou passar um fim de semana num *workshop* que promete lhe ensinar o que fazer para se tornar uma pessoa mais assertiva (mas não agressiva); e, mais enfaticamente, não significa se tornar uma detetive policial ou uma agente secreta da CIA ou uma almirante da marinha.
>
> Mas se essa imagem distorcida do feminismo possui mais realidade que a nossa, somos em parte culpadas por isso. Não nos esforçamos o bastante para oferecer um conjunto alternativo de análises claras e significativas sobre a vida das pessoas e para estimular grupos de trabalho ativos e acessíveis.

Não é nenhum acaso que a luta feminista tem sido tão facilmente cooptada pelos interesses do feminismo conservador e liberal, pois há muito tempo, nos Estados Unidos, o feminismo é uma ideologia burguesa. Zillah Eisenstein discute as raízes liberais do feminismo da América do Norte em *The Radical Future of Liberal Feminism* (O Futuro Radical do Feminismo Liberal), explicando na introdução:

Uma das maiores contribuições deste estudo consiste em discutir o papel da ideologia liberal – e individualista – na construção da teoria feminista. O feminismo atual ou ignora a teoria da individualidade ou adota – numa dissociação consciente de seus próprios interesses – a ideologia atomística, competitiva, do individualismo liberal. Falta clareza sobre essa questão na teoria feminista. Enquanto não for conscientemente traçada a diferença entre uma teoria da individualidade que reconheça a importância do indivíduo dentro da coletividade social e a ideologia do individualismo fundada na competição individual, não há como ter clareza sobre os rumos que se deve tomar para a elaboração de uma teoria feminista da libertação no mundo ocidental.

A ideologia "atomística, competitiva, do individualismo liberal" tem permeado o pensamento feminista a ponto de comprometer o potencial de radicalização da luta feminista. Desde sempre, o feminismo tem sido usurpado por mulheres burguesas ocupadas em favorecer seus interesses de classe. E o mais grave é que a teoria feminista não tem feito muita coisa para combater isso (veja-se, por exemplo, a teoria da "opressão comum"). Para resistir a essa cooptação, é preciso antes de tudo construir uma perspectiva feminista diferente – uma nova teoria –, cujo pressuposto não seja a ideologia do individualismo liberal.

Os métodos de exclusão praticados pelas mulheres que dominam o discurso feminista têm tornado quase impossível a emergência de teorias novas e diversas. O feminismo tem sua linha oficial, e as mulheres que anseiam por uma estratégia diferente, por fundamentos distintos, são normalmente proscritas e silenciadas. A crítica interna e a busca por ideias alternativas não são encorajadas (vejam-se, por exemplo, as controvérsias recentes sobre a tentativa de expandir o debate feminista no campo da sexualidade). E, no entanto, as mulheres que se sentem excluídas da discussão e da práxis feministas só podem encontrar um lugar para si mesmas se, antes de tudo, tomarem consciência, por meio da crítica, dos fatores que as alienam. Muitas mulheres brancas encontraram no movimento feminista uma solução libertadora para seus dilemas pessoais. Por terem obtido benefícios diretos com o movimento, elas não se sentem tão inclinadas a lhe dirigir críticas ou a proceder a um exame rigoroso de sua estrutura quanto aquelas que não percebem esse impacto do feminismo em suas vidas pessoais ou na vida das mulheres como um todo. E aquelas mulheres que, mesmo não sendo brancas, se sentem representadas e afirmadas dentro do movimento, também parecem se comportar como se apenas suas ideias, seja sobre o feminismo negro, seja sobre outras questões, fossem as únicas legítimas do movimento. Em vez de encorajar a pluralidade de opiniões, o diálogo crítico, a controvérsia, tentam sufocar, a exemplo das mulheres brancas, qualquer dissidência. Como ativistas e escritoras renomadas, elas se sentem no direito de julgar se as outras vozes feministas são dignas de serem ouvidas ou não. Em seu ensaio "The Way of All Ideology" (O Destino de Toda Ideologia), Susan Griffin adverte contra essa tendência geral ao dogmatismo:

> Quando uma teoria se transforma numa ideologia, ela começa a destruir a voz individual e o saber individual. Originalmente fruto dos sentimentos, pretende pairar acima dos sentimentos. Acima das sensações. Ela organiza a experiência de acordo consigo própria, passando ao largo da experiência. E, pelo mero fato de existir, julga conhecer. Invocar o nome dessa ideologia é conferir veracidade ao que se diz. Ninguém pode propor nada de novo. A experiência deixa de surpreendê-la, de informá-la, de transformá-la. Sente-se perturbada com qualquer detalhe que não caiba em sua visão de mundo. Outrora um grito contra a negação da verdade, agora nega qualquer verdade que não caiba em seus esquemas. Outrora um caminho para restaurar o senso de realidade das pessoas, agora tenta impor sua disciplina às pessoas, como se pudesse remodelar os seres naturais segundo a sua própria imagem. Tudo aquilo que não consegue explicar, trata como um inimigo. Outrora uma teoria da libertação, agora é ameaçada por novas teorias da libertação; se tornou uma prisão para a mente.

Resistimos ao domínio hegemônico no pensamento feminista se o encaramos como uma teoria em formação que necessariamente precisa ser criticada, questionada, reexaminada e confrontada com novas possibilidades. Minha crítica persistente se nutre do fato de ser parte de um grupo oprimido, bem como da minha experiência com a exploração e a discriminação sexista e da sensação de que as análises correntes do feminismo não constituem a força modeladora de minha própria consciência feminista. Isso se aplica a muitas mulheres. Existem mulheres brancas que só passaram a cogitar erguer-se contra a dominação masculina depois que o movimento feminista lhes deu a consciência de que deviam e podiam fazê-lo. Minha consciência da luta feminista foi estimulada por circunstâncias sociais. Por ter crescido num estado do Sul, numa família negra, operária e dominada pela figura paterna, sofri na própria pele (assim como minha mãe, minhas irmãs e meus irmãos) variados tipos e graus de tirania patriarcal. Isso me enchia de raiva, a mim e a todas nós. A raiva me levou a questionar a política da dominação masculina e me fez contestar a socialização sexista. Frequentemente, feministas brancas agem como se as mulheres negras só soubessem da existência da opressão sexista por intermédio delas. Elas acreditam que estão fornecendo às mulheres negras "a" análise e "o" programa de libertação. Não entendem nem podem sequer imaginar que as mulheres negras, assim como outros grupos de mulheres que vivem diariamente em situação de opressão, geralmente tomam consciência das políticas patriarcais através de sua própria experiência, desenvolvendo também, por isso, estratégias de resistência (ainda que sem uma base organizada e firme).

Para as mulheres negras, o foco das feministas brancas na questão da tirania masculina e na da opressão da mulher soou como uma "nova" revelação, mas elas também perceberam que esse foco tinha pouco impacto em suas vidas. Viram como mais um indicativo das condições privilegiadas em que vivem as mulheres de classes média e alta a crença de que, como mulheres, precisavam de "uma teoria para explicar que eram oprimidas". Ora, as pessoas que são realmente oprimidas sabem disso, mesmo que não estejam engajadas numa resistência organizada nem sejam capazes de exprimir por escrito a natureza de sua opressão. Essas mulheres negras não viram nada de libertador nas análises oficiais sobre a opressão feminina. O fato de nós, mulheres negras, não estarmos organizadas coletivamente e de forma numerosa em torno das questões do "feminismo" (muitas de nós nem conhecem o termo ou não o utilizam), nem termos acesso aos mecanismos de poder que nos permitiriam partilhar nossas análises ou teorias sobre gênero com a opinião pública dos EUA, não nega a presença do feminismo em nossas vidas nem nos coloca numa posição de dependência em relação àquelas feministas brancas ou não que conseguem se comunicar com o grande público.

A compreensão que adquiri aos treze anos de idade das políticas patriarcais criou em mim um tipo de expectativa em relação ao movimento feminista que é bem diferente do tipo que surge numa mulher jovem, branca e de classe média. Quando ingressei, pela primeira vez, numa turma de estudos da mulher na Universidade de Stanford, no começo dos anos 1970, encontrei as mulheres brancas celebrando alegremente o fato de estarem juntas – era uma ocasião importante e marcante para elas. Mas eu nunca havia conhecido uma realidade em que as mulheres não estivessem juntas, em que as mulheres não ajudassem, protegessem e amassem umas às outras profundamente. Eu não conhecia nenhuma mulher branca que ignorasse o impacto da raça e do gênero sobre seu *status* social e sua consciência. (As mulheres brancas do Sul costumam ter uma visão mais realista sobre racismo e situação de classe social do que as mulheres brancas de outras regiões dos EUA.) Eu não sentia muita simpatia pelas colegas que sustentavam que era impróprio de minha parte esperar que elas tivessem alguma noção sobre a situação das mulheres negras. Apesar de vir de onde eu vinha (uma comunidade segregada racialmente), eu sabia sobre a vida das mulheres brancas, ainda que nenhuma mulher branca morasse em nossa vizinhança, frequentasse nossas escolas ou trabalhasse em nossas casas.

Quando participei de grupos feministas, percebi que as mulheres brancas adotavam uma atitude condescendente em relação a mim e às outras participantes não brancas. Essa condescendência em relação às mulheres negras era uma forma de nos fazer lembrar que o movimento feminista pertencia a "elas" – que nós participávamos porque elas permitiam e nos encorajavam; afinal, nós éramos necessárias para legitimar o processo. Não éramos vistas como iguais. Não éramos tratadas como iguais. E embora se mostrassem interessadas em nossos relatos pessoais sobre a experiência negra, agiam como se coubesse a elas decidir sobre a autenticidade dessas experiências. Frequentemente, mulheres negras com ensino superior (inclusive aquelas de origem operária e pobre) eram tratadas com desdém. Nossa presença nas atividades do movimento não contava, pois as mulheres brancas estavam convencidas de que a "verdadeira" negritude significava falar o dialeto dos negros pobres, ter baixa instrução, se comportar como quem cresceu nas ruas e uma porção de outros estereótipos. Se ousássemos criticar o movimento ou assumir a responsabilidade de rever algumas ideias feministas ou introduzir novas ideias, nossas vozes eram apagadas, repelidas, silenciadas. Éramos ouvidas apenas se nossa fala ecoasse os sentimentos ligados ao discurso dominante.

Raramente se escreve sobre a tentativa por parte de feministas brancas de silenciar as mulheres negras. É algo rotineiro, que pode ocorrer numa sala de conferência ou na privacidade de confortáveis salas de estar, em que uma mulher negra tem de enfrentar sozinha a hostilidade racista de um grupo de mulheres brancas. Desde que o movimento de libertação das mulheres surgiu, as mulheres negras buscaram se juntar a esses grupos. Muitas desistiram depois do primeiro encontro. Anita Cornwell tem razão quando diz, em "Three For the Price of One: Notes From a Gay Black Feminist" (Três

Por Uma: Notas de uma Feminista Negra e Gay): "Infelizmente, o medo de deparar com o racismo parece ser uma das principais razões pelas quais tantas mulheres negras se recusam a participar do movimento feminista." O foco mais recente na questão racial vem suscitando debate, mas ainda não produziu um impacto real no comportamento das feministas brancas em relação às mulheres negras. Geralmente as mulheres brancas que vivem muito ocupadas publicando artigos e livros sobre a "desaprendizagem do racismo" mantêm uma atitude arrogante e condescendente em relação às mulheres negras. Isso não é de surpreender, haja vista que, no mais das vezes, seu discurso está voltado exclusivamente para o público branco, e seu foco é a mudança de atitude e não a problematização do racismo dentro de um contexto histórico e político. Elas nos transformam em "objeto" de seu discurso privilegiado. Como "objeto", permanecemos numa situação desigual, de inferioridade. Embora possam estar sinceramente preocupadas com o racismo, as metodologias que adotam sugerem que não conseguiram se libertar do tipo de paternalismo endêmico à ideologia supremacista branca. Algumas dessas mulheres se colocam na posição de "autoridades" que precisam mediar a comunicação entre as mulheres brancas racistas (elas, naturalmente, se julgam pessoas que já superaram o racismo) e as mulheres negras raivosas que, a seu ver, não são capazes de manter um diálogo racional. É claro que essa posição de autoridade só pode ser mantida por elas enquanto o sistema racista, classista e elitista permanecer intocado.

Em 1981, ingressei numa disciplina de pós-graduação sobre teoria feminista. Logo no primeiro dia recebemos uma lista de textos que leríamos ao longo do curso; todos da autoria de mulheres e homens brancos, além de um homem negro, porém, não havia nenhum material de ou sobre mulheres negras, nativas da América do Norte, hispânicas ou asiáticas. Ao criticar essa ausência, fui de tal modo fuzilada com os olhares das mulheres brancas que para mim se tornou bastante difícil continuar a frequentar o curso.

Quando sugeri que o propósito daquela raiva coletiva era criar uma atmosfera psicologicamente insuportável para mim, impedindo-me de participar das discussões em sala de aula ou mesmo de continuar a frequentar o curso, me responderam que não havia nenhuma raiva da parte delas, mas sim de *minha parte*. Semanas depois do fim do curso, uma das alunas brancas da turma me enviou uma carta aberta admitindo que havia sentido raiva e expressando arrependimento pelos seus ataques. Ela escreveu:

> Não conhecia você. Você era negra. Durante as aulas, logo me convenci de que, na turma, eu seria a pessoa que responderia a tudo o que você dissesse. E geralmente para a contradizer. Não se tratava de racismo a qualquer preço. O que estava por trás disso era a crença de que se eu pudesse provar que você estava errada a respeito de alguma questão, então você provavelmente estaria errada a respeito de qualquer questão.

E mais à frente:

> Um dia, na sala de aula, eu disse que algumas pessoas estavam menos sujeitas que outras a serem capturadas pela visão platônica de mundo. Disse acreditar que nós, após quinze anos de educação formal, sob a bênção da classe dominante, provavelmente estávamos mais aprisionadas que aquelas pessoas que não haviam sido colocadas desde o começo de suas vidas tão perto do coração do monstro. Minha colega, que na época era uma grande amiga minha, uma irmã, desde então deixou de falar comigo. A possibilidade de que não fôssemos as melhores porta-vozes de todo o gênero feminino, penso eu, fez com que ela se sentisse ameaçada em seu próprio valor e temesse pelo seu doutorado.

De um modo geral, nas situações em que as feministas brancas se lançam agressivamente contra as mulheres negras, elas enxergam a si mesmas como aquelas que sofreram a agressão, como as vítimas. Durante uma acalorada discussão com outra estudante branca num grupo racialmente misturado de mulheres organizado por mim, minha interlocutora me fez saber que havia ouvido falar sobre o modo como eu "aniquilava" as pessoas na turma de teoria feminista, e que por isso ela estava com medo de também ser "aniquilada". Chamei a atenção dela para o fato de que era eu sozinha falando para um grupo grande de pessoas cheias de agressividade e raiva. Era eu quem deixava a sala aos prantos, e não as pessoas que eu supostamente "aniquilava".

Estereótipos racistas, como o da mulher negra de força sobre--humana, são mitos que povoam a mente de muitas mulheres brancas, o que permite que elas ignorem até que ponto as mulheres negras são vítimas em potencial dessa sociedade, esquecendo, por outro lado, o papel que as mulheres brancas tendem a exercer na manutenção e perpetuação dessa vitimização. Na obra autobiográfica de Lillian Hellman, *Pentimento*, ela escreve: "Durante toda a minha vida, desde o nascimento, recebi ordens de mulheres negras, desejando essas ordens e ao mesmo tempo me revoltando contra elas, temendo, de forma supersticiosa, nas poucas vezes em que desobedecia." As mulheres negras descritas por Hellman trabalhavam em sua casa como serviçais, e de modo algum possuíam o mesmo *status* que ela e os membros de sua família. Mesmo quando criança, ela sempre esteve numa posição dominante nas ocasiões em que era questionada, advertida ou guiada por essas mulheres; elas podiam exercer esse direito porque ela ou outra figura de autoridade branca lhes davam essa permissão. Hellman coloca o poder nas mãos dessas mulheres negras em vez de reconhecer seu poder sobre elas; desse modo, ela mistifica a verdadeira natureza dessa relação. Ao projetar sobre as mulheres negras um poder e uma força mítica, as mulheres brancas promovem uma falsa ideia de si próprias como desprovidas de poder, como vítimas passivas, desviando a atenção de sua agressividade, de seu poder (ainda que limitado por uma supremacia branca dominada pelo homem), de sua vontade de dominação e controle. Esses aspectos não reconhecidos do *status* social de muitas mulheres brancas as impedem de transcender o racismo e limita o escopo de sua compreensão do *status* social das mulheres nos Estados Unidos.

Feministas que gozam de uma situação privilegiada têm se mostrado incapazes de falar para, com e por outros grupos de mulheres, ou porque não compreendem plenamente as inter-relações entre sexo, raça e opressão de classe ou porque se recusam a levar a sério tais inter-relações. As análises feministas da situação da mulher tendem a focar exclusivamente no gênero, se abstendo de fornecer um alicerce para a edificação de uma teoria feminista. Refletem a tendência dominante nas mentes patriarcais do Ocidente a mistificar a realidade da mulher, na medida em que insistem na tese de que o gênero é o único fator determinante de seu destino. Claro que é mais fácil para mulheres que não sofrem opressão de classe ou raça focar exclusivamente na questão do gênero. Embora feministas de orientação socialista foquem nas questões de raça e classe social, elas tendem a negligenciar o problema racial ou, embora declarem reconhecer a importância desse aspecto, na prática oferecem análises em que a questão racial não é levada em consideração.

Como grupo, as mulheres negras estão numa posição peculiar na sociedade, não apenas porque, em termos coletivos, estamos na base da pirâmide ocupacional, mas também porque o nosso *status* social é inferior ao de qualquer outro grupo. Isso significa que carregamos o fardo da opressão sexista, racista e de classe. Ao mesmo tempo, somos um grupo que não foi instituído socialmente para assumir o papel de explorador/opressor, na medida em que não nos foi concedido nenhum "outro" institucionalizado que pudéssemos explorar ou oprimir (crianças não representam "um outro" institucionalizado, ainda que possam ser oprimidas pelos pais e mães). Mulheres brancas e homens negros dispõem dos dois caminhos. Podem agir como opressores e podem ser oprimidos. Homens negros podem ser vitimados pelo racismo, mas o sexismo os autoriza a agir como exploradores e opressores de mulheres. Mulheres brancas podem ser vitimadas pelo sexismo, mas o racismo lhes faculta agir como exploradoras e opressoras de pessoas negras. Ambos os grupos têm instituído movimentos de libertação que favorecem seus interesses e dão suporte à opressão continuada de outros grupos. O sexismo dos homens negros tem minado a luta pela erradicação do racismo, da mesma forma que o racismo das mulheres brancas tem minado a luta feminista. Enquanto a igualdade almejada por esses dois grupos ou outro qualquer conceber a libertação como a conquista da igualdade social com homens brancos da classe dominante, eles continuarão exercendo opressão e exploração sobre terceiros.

A mulher negra, para a qual não existe qualquer "outro" institucionalizado como objeto de exploração, discriminação e opressão, constrói uma experiência vivida que desafia diretamente a estrutura social vigente e sua ideologia sexista, racista e classista. Essa experiência vivida é capaz de moldar nossa consciência de modo a nos diferenciar daqueles que gozam de privilégios (ainda que relativos, dentro do sistema vigente). É essencial à continuação da luta feminista que as mulheres negras reconheçam as vantagens advindas de nossa marginalidade e façam uso dessa perspectiva para criticar a hegemonia do racismo, do sexismo e do classismo, de modo a vislumbrar e criar uma contra-hegemonia. O que estou sugerindo é que temos um papel central a desempenhar na constituição de uma teoria feminista e, junto com isso, uma contribuição a oferecer que é única e valiosa. A formação de uma teoria e de uma práxis feministas libertadoras é de responsabilidade coletiva e deve ser partilhada. Embora faça crítica a determinados aspectos do movimento feminista tal como o conhecemos até hoje, crítica que às vezes é rude e implacável, faço isso não para diminuir a luta feminista, mas antes para enriquecê-la, para partilhar o trabalho de formação de uma ideologia feminista libertadora e de um movimento feminista libertador.

2

Feminismo:
Um Movimento Para Acabar
Com a Opressão Sexista

Um problema crucial do discurso feminista reside em nossa incapacidade para chegar a um consenso sobre o que vem a ser o feminismo ou aceitar uma definição (ou mais de uma) que possa constituir um denominador comum. Sem um conjunto claro de definições consensuais não temos como edificar uma teoria nem instituir uma práxis significativa em termos gerais. Expressando sua frustração com essa ausência de definições, Carmen Vazquez, num ensaio recente, "Towards a Revolutionary Ethics" (Para Uma Ética Revolucionária), comentou:

> Não conseguimos nem chegar a um acordo sobre o que é ser "feminista", menos ainda sobre o seu credo e sobre o modo como isso define os princípios que representam um ponto de honra entre nós. Em sintonia com a obsessão do capitalismo estadunidense pelo individualismo e sua filosofia do "se está bom para mim, dane-se o mundo", o feminismo nos Estados Unidos pode ser o que você quiser, meu bem. Há tantas definições de feminismo quantas forem as feministas, é o que dizem algumas de minhas irmãs. Elas acham isso engraçado, mas eu não.

Não é nada engraçado. O que isso indica, na verdade, é uma falta de interesse pelo feminismo enquanto movimento político radical. Trata-se de um gesto desesperado, decorrente da crença de que a solidariedade entre as mulheres é inviável. E nos mostra o quanto a ingenuidade política que tem caracterizado a situação da mulher nesse mundo machista ainda persiste.

Nos Estados Unidos, muitas mulheres acham que o feminismo, ou a "libertação das mulheres", como se diz com mais frequência, é um movimento que tem por objetivo tornar as mulheres socialmente iguais aos homens. Essa definição genérica, difundida pela mídia e pela linha oficial do movimento, levanta algumas questões problemáticas. Se os homens não são iguais entre si dentro da estrutura de classe patriarcal, capitalista e de supremacia branca, com quais homens as mulheres querem se igualar? Elas partilham da mesma opinião sobre o que é igualdade? O que está implícito nessa definição simplista de libertação feminina é a desconsideração de raça e classe como fatores que, juntamente com o sexismo, determinam a forma e a intensidade com que os indivíduos serão discriminados, explorados e oprimidos. Mulheres brancas e burguesas interessadas nos direitos das mulheres se contentam com esse tipo de definição por razões óbvias. Apropriar-se retoricamente do discurso das mulheres oprimidas, colocando-se no mesmo patamar social que elas, é um ardil para camuflar seus privilégios de raça e classe.

Mulheres e pessoas pobres, da classe baixa, normalmente não brancas, não costumam pensar a libertação das mulheres como um tipo de igualdade com os homens, pois, em seu dia a dia, são continuamente lembradas de que nem todas as mulheres partilham entre si o mesmo *status* social. Ao mesmo tempo, sabem que muitos homens de seu grupo social são explorados e oprimidos. Sabendo que esses homens não possuem poder político, econômico e social, elas não almejam a sua situação. E por terem consciência de que o sexismo também concede certos privilégios aos homens, terminantemente negados às mulheres, elas se tornam mais propensas a relativizar o machismo de seus pares, enxergando no comportamento deles o reflexo de um sentimento de impotência e inferioridade em relação àqueles grupos masculinos com privilégios de classe. Desde os primórdios do movimento feminista, essas mulheres se mantiveram cautelosas, pois sempre reconheceram os limites implícitos nessa forma de conceber o movimento. Reconheceram, vale dizer, a possibilidade de que o feminismo, definido como igualdade social com os homens, tivesse efeitos relevantes para a situação das mulheres de classe social superior, mas impactando de modo muito marginal o *status* das mulheres pobres e operárias.

Mas nem todas as mulheres que já estiveram à frente do movimento feminino organizado consentiram em reduzir a libertação das mulheres à igualdade de gênero. Nas páginas iniciais do livro *Woman Power: The Movement for Women's Liberation* (O Poder da Mulher: O Movimento Para a Libertação das Mulheres), Cellestine Ware, uma mulher negra engajada no movimento, escreveu a respeito do item "Objetivos": "O feminismo radical trabalha pela erradicação da dominação e do elitismo em todas as relações humanas. Isso faz da autodeterminação o bem final e requer a derrubada da sociedade tal como a conhecemos até agora."

Feministas radicais como Charlotte Bunch basearam suas análises numa compreensão bem informada das políticas de dominação e de um reconhecimento da interconexão entre os vários sistemas de dominação, ainda que focando primariamente na questão do sexismo. Essas perspectivas não foram valorizadas por aquelas organizadoras e integrantes do movimento das mulheres mais interessadas em reformas sociais. As autoras anônimas de um panfleto sobre questões feministas, publicado em 1976, *Women and the New World* (As Mulheres e o Novo Mundo), assinalam que muitas mulheres atuantes no movimento de libertação das mulheres se sentem mais confortáveis com a ideia do feminismo como uma reforma que ajudaria as mulheres a se igualarem socialmente aos homens de sua classe do que com o feminismo entendido como movimento radical que erradicaria a dominação e transformaria a sociedade:

Qualquer que seja a organização, a situação e a composição étnica de um grupo, todas as organizações de libertação das mulheres possuem uma coisa em comum: todas se desenvolveram com base num fato social e biológico e não num conjunto de ideias. As mulheres se juntaram ao movimento feminista pelo fato de serem mulheres e sofrerem na própria pele a dominação masculina. Víamos todas as mulheres como nossas aliadas e todos os homens como opressores. Mas não procurávamos saber até que ponto as mulheres estadunidenses aceitavam os mesmos valores materialistas e individualistas adotados pelos seus pares masculinos. Não nos púnhamos a pensar que as mulheres estadunidenses são tão relutantes quanto os homens estadunidenses a lutar por uma nova sociedade baseada em novos valores de respeito mútuo, cooperação e responsabilidade social.

Hoje está claro que muitas mulheres engajadas no movimento feminista estavam mais propensas a enxergar na reforma um fim em si mesmo do que uma mera etapa na marcha para a transformação revolucionária. Embora Zillah Eisenstein, em *The Radical Future of Liberal Feminism* (O Futuro Radical do Feminismo Liberal), possa, com otimismo, apontar para o radicalismo potencial da mulher liberal que luta por reformas sociais, ela não explica de que modo essa radicalização virá à tona. Eisenstein oferece como um exemplo das implicações radicais dos programas feministas de orientação liberal as exigências feitas na Conferência de Houston de 1978 sobre os Direitos das Mulheres:

O relatório de Houston reivindica como um direito humano que as mulheres tenham plena voz e papel na determinação do destino de nosso mundo, de nossa nação, de nossas famílias e de nossas vidas individuais. Pede especificamente 1. eliminação da violência doméstica e criação de abrigos para mulheres vítimas de abuso; 2. apoio a empreendimentos voltados para o público feminino; 3. medidas eficazes contra o abuso de crianças; 4. criação de um sistema não sexista de assistência à infância com financiamento federal; 5. política de pleno emprego, de modo que as mulheres que queiram e estejam em condições de trabalhar possam fazê-lo; 6. proteção às donas de casa, de modo que o casamento seja uma parceria; 7. combate à exploração sexista da imagem da mulher nos meios de comunicação; 8. decretação da liberdade reprodutiva e do fim da esterilização compulsória; 9. combate à dupla discriminação de mulheres pertencentes a grupos minoritários; 10. revisão do código penal que trata do abuso; 11. eliminação da discriminação com base na orientação sexual; 12. implementação de uma educação não sexista; e, 13. um exame de todas as propostas de reforma social tendo em vista seu eventual impacto sobre as mulheres.

O impacto positivo das reformas liberais na vida das mulheres não deve ser confundido com a erradicação do sistema de dominação. Em nenhuma parte dessas reivindicações se encontra a proposta de erradicação da política de dominação, e ela seria certamente rejeitada, se fosse incluída. Essa falta de preocupação com a dominação é coerente com a crença do feminismo liberal de que a mulher pode se igualar socialmente aos homens sem desafiar e modificar a base cultural da opressão de grupo. É essa crença que torna improvável que o radicalismo potencial do feminismo liberal possa um dia vir à tona. Num texto desbravador de 1967, a socióloga brasileira Heleieth Saffioti enfatizou que o feminismo burguês foi sempre "no fundo e inconscientemente um feminismo da classe dominante". De modo que:

> Como o conteúdo revolucionário da práxis feminista pequeno-burguesa é dado pelas aspirações de ascensão social alimentadas sobretudo pelos estratos inferiores das camadas intermediárias da sociedade de classes, num esforço de expansão estrutural do sistema, não chega a pôr em xeque os fundamentos do *status quo*. Dessa perspectiva, se o feminismo pequeno-burguês objetivava e ainda visa a estabelecer a igualdade social entre os sexos, ele não representa senão uma modalidade de consciência utópica no sentido de desejar e lutar por uma transformação parcial da sociedade, acreditando ser possível conservar intactos os fundamentos desta [...]

Desse ângulo, o feminismo pequeno-burguês não é, na verdade, um feminismo. Representa, ao contrário, uma força de consolidação da sociedade de classes na medida em que permite a esta assumir uma aparência que melhor dissimule suas contradições internas.[1]

Os aspectos radicais do protesto social da mulher liberal continuarão servindo como um sistema de suporte ideológico que alimenta o ímpeto crítico e analítico para a manutenção de um liberalismo que busca dar às mulheres o máximo de igualdade de oportunidades no interior da ordem vigente, a saber, o sistema patriarcal, capitalista e supremacista branco. Mas esse tipo de ativismo liberal pelos direitos das mulheres, em sua essência, enfraquece a luta feminista. O filósofo Mihailo Markovic discute os limites do liberalismo em seu ensaio "Women's Liberation and Human Emancipation" (A Libertação das Mulheres e a Emancipação Humana).

> Outra característica fundamental do liberalismo, que constitui um enorme obstáculo à emancipação de grupos socialmente oprimidos, é sua concepção acerca da natureza humana. Se o egoísmo, a agressividade, o impulso de conquista e dominação estão entre os traços que definem a natureza humana, como todo filósofo liberal desde Locke defende, então a opressão na sociedade civil – isto é, na esfera social não regulada pelo Estado – é um fato da vida, e as relações entre um homem e uma mulher nessa esfera permanecerão sempre um campo de batalha. A mulher, sendo menos agressiva, é por isso também ou menos humana – e seu destino é ser subjugada – ou precisará ter uma grande sede de poder para lutar e dominar o homem. Somente um deles pode se libertar.

Ainda que a perspectiva liberal do feminismo inclua reformas com implicações radicais para a sociedade, essas reformas nunca irão ocorrer, precisamente porque, caso fossem implementadas, lançariam as bases para uma transformação revolucionária. É evidente que a sociedade é mais receptiva àquelas demandas "feministas" que não oferecem nenhuma ameaça ao *status quo* e, eventualmente, até podem ajudar a preservá-lo. Jeanne Gross dá um exemplo dessa cooptação da estratégia feminista em seu ensaio "Feminist Ethic from a Marxist Perspective" (A Ética Feminista Sob uma Perspectiva Marxista), publicado em 1977:

> Se nós, enquanto mulheres, queremos mudanças em todos os aspectos de nossas vidas, precisamos reconhecer que o capitalismo é capaz de cooptar mudanças inconsistentes [...] O capitalismo é capaz de roubar nossas mudanças visionárias e usá-las contra nós. Por exemplo, muitas mulheres casadas, reconhecendo a opressão que sofrem dentro da família, se divorciam. Depois elas são jogadas no mercado de trabalho, sem preparo ou proteção. Para muitas mulheres isso significa entrar na fila de emprego para a função de datilógrafa. As corporações estão agora descobrindo que podem explorar as mulheres divorciadas. A rotatividade de funcionárias nesse tipo de emprego é extremamente alta. "Se reclamar, poderá ser substituída."

No que se refere particularmente ao trabalho, muitas reformas feministas liberais simplesmente reforçam o capitalismo e seus valores materialistas (numa demonstração de sua flexibilidade como sistema de dominação), sem na realidade emancipar a mulher em termos econômicos.

As mulheres liberais não estão sozinhas nessa estratégia de se agarrar ao dinamismo do feminismo para promover seus interesses. A grande maioria das mulheres que tem se beneficiado de algum modo das reformas sociais promovidas pelo feminismo não quer ser vista como feminista. Conferências sobre questões relevantes para a mulher, que nunca teriam sido organizadas ou financiadas se não fosse o movimento feminista, ocorrem em toda parte dos Estados Unidos, ao mesmo tempo que as participantes não querem ser vistas como defensoras do feminismo. Elas ou relutam em tornar público seu compromisso com a causa feminista ou zombam do termo. Mulheres afro-estadunidenses, estadunidenses nativas ou de origem asiática ou hispânica acabam ficando isoladas ao abraçarem o movimento feminista. Mesmo mulheres capazes de conquistar fama e notoriedade (e com isso maiores rendas) em virtude da atenção dada a suas obras por expressivo número de apoiadoras do feminismo são tentadas a evitar dar visibilidade ao seu engajamento no movimento feminista. Podem chegar ao ponto de criar outros termos para expressar sua preocupação com as questões da mulher, em vez de usar o termo "feminista". O problema é que a criação de uma terminologia desvinculada da atividade política organizada tende a reforçar a relutância daquelas mulheres que porventura já estejam inseguras acerca de sua adesão ao feminismo. De resto, esse tipo de problematização revela mais uma benevolente aceitação de definições distorcidas do que uma reivindicação por redefinições. As mulheres podem apoiar causas específicas ao mesmo tempo que se mantêm apartadas do que entendem ser o movimento feminista.

Num artigo intitulado "Sisters – Under the Skin" (Irmãs – Sob a Pele), publicado num jornal de São Francisco, o colunista Bob Greene comentou sobre a aversão que muitas mulheres parecem manifestar ao termo "feminismo". Greene acha curioso que muitas mulheres "que acreditam em tudo aquilo que as feministas convictas acreditem desdenhem do termo 'feminista', rechaçando-o como desagradável, com o qual elas não gostariam de ser associadas". Ainda que essas mulheres geralmente reconheçam terem sido beneficiadas com as medidas reformistas implementadas graças ao feminismo, medidas que melhoraram o *status* social de alguns grupos específicos de mulheres, elas não querem ser vistas como integrantes do movimento feminista.

> Temos de encarar o fato. Depois de todo esse tempo, o termo "feminismo" ainda gera embaraço e desconforto em muitas mulheres brilhantes, ambiciosas e inteligentes. Elas simplesmente não querem ser associadas a esse rótulo.
>
> É como se o termo tivesse uma conotação desagradável e com a qual não valesse a pena se associar. Possivelmente, se você

lhes apresentasse todas as crenças feministas, elas acatariam tudo literalmente – mas mesmo quando se assumem feministas, elas não hesitam em dizer não.

Muitas mulheres relutam em aderir ao feminismo porque não se sentem seguras quanto ao significado do termo. Mulheres de grupos étnicos explorados e oprimidos às vezes descartam o termo porque não querem ser vistas como apoiadoras de um movimento racista; o feminismo geralmente é associado à luta das mulheres brancas por direitos. Muitas mulheres consideram o feminismo sinônimo de lesbianidade; por serem homofóbicas, evitam se vincular a qualquer grupo identificado como pró-lésbicas. Algumas mulheres temem a palavra "feminismo" porque não querem se identificar com nenhum movimento político, especialmente aqueles vistos como radicais. Nesse caso, são mulheres que não querem de forma alguma ser associadas ao movimento pelos direitos das mulheres, colocando-se à margem e contra ele. Muitas mulheres estão mais familiarizadas com as perspectivas negativas sobre a "libertação das mulheres" do que com os significados positivos do movimento. É o significado e o poder político positivos desse termo que devemos lutar por recuperar e preservar.

Hoje o termo "feminismo" parece desprovido de um significado claro. Definições sem critério praticamente esvaziaram o significado do termo. O "sem critério" se refere aqui ao fato de que qualquer mulher que deseja igualdade de gênero, qualquer que seja sua perspectiva política (ela pode ser uma conservadora de direita ou uma comunista nacionalista), pode se apresentar sob o rótulo de feminista. A maior parte das tentativas de definir o feminismo reflete a natureza de classe do movimento. As definições são em sua origem de caráter liberal e focam sobretudo nos direitos das mulheres à liberdade e autodeterminação. Em *The Remembered Gate: Origins of American Feminism* (O Portão Recordado: Origens do Feminismo Americano), Barbara Berg define o feminismo como um "amplo movimento que abarca inúmeras fases da emancipação da mulher". No entanto, sua ênfase recai sobre a conquista de maior liberdade individual. Expandindo a definição acima, Berg escreve:

> É a liberdade para decidir seu próprio destino; liberdade para desempenhar os mais variados papéis; para não sucumbir às restrições opressivas da sociedade; para expressar seu pensamento e convertê-lo livremente em atos. O feminismo exige que a mulher possua o direito de elaborar seus próprios juízos. Postula que o valor essencial da mulher emana de sua condição humana e não depende de nenhuma outra relação em sua vida.

É uma definição quase apolítica do feminismo; e, no entanto, é o tipo de definição que muitas mulheres liberais acham atraente. Por evocar uma ideia romântica de liberdade pessoal, ela se torna mais aceitável que uma definição com ênfase na ação política radical.

Atualmente, muitas feministas radicais já sabem que não é focando nem na autonomia e liberdade pessoal da mulher nem na igualdade de oportunidades que o feminismo poderá dirimir da sociedade o sexismo e a dominação masculina. O feminismo luta para acabar com a opressão sexista. E, assim, está necessariamente comprometido com a erradicação da ideologia de dominação que permeia a cultura ocidental em seus vários níveis, bem como com uma reorganização da sociedade em decorrência da qual o autodesenvolvimento das pessoas possa ter primazia sobre o imperialismo, a expansão econômica e os desejos materiais. Definido nesses termos, é improvável que as mulheres abracem o feminismo simplesmente pelo fato de sermos iguais biologicamente. O feminismo assim definido demandaria de cada participante uma consciência política crítica baseada em ideias e crenças.

Com o tempo, o *slogan* "a vida pessoal é política" (usado primeiramente para frisar que a realidade cotidiana da mulher é orientada e moldada pela política e possui um caráter intrinsecamente político) tornou-se um modo de encorajar as mulheres a pensar que a experiência de discriminação, exploração e opressão corresponde automaticamente à formação de uma consciência crítica sobre o aparato ideológico e institucional que determina seus respectivos lugares na sociedade. Em consequência, muitas mulheres que se recusaram a examinar a fundo sua situação nunca foram capazes de desenvolver uma compreensão de sua realidade política e da relação dessa realidade política com a mulher enquanto coletividade. Elas foram encorajadas a dar voz à experiência pessoal e fazer disso o seu foco. Tal como as revolucionárias empenhadas em modificar a situação de pessoas colonizadas em diversas partes do globo, é necessário que as ativistas feministas frisem que a habilidade de enxergar e descrever a própria realidade é um passo significativo no longo processo de autodescoberta, mas compreende apenas o começo da jornada. Quando as mulheres internalizaram a ideia de que descrever as próprias mazelas era o mesmo que desenvolver uma consciência política crítica, o movimento feminista entrou em pane. Não surpreende que desse tipo de perspectiva tacanha surgissem teorias e estratégias inadequadas ao movimento feminista, muitas das quais, em vez de apontar numa direção correta, levaram a mais desorientação. Para corrigir essa inadequação, precisamos agora encorajar as mulheres a desenvolver uma compreensão abrangente, aguçada, da realidade política da mulher. Perspectivas mais amplas só podem emergir se examinarmos tanto a dimensão pessoal que é política quanto os aspectos políticos da sociedade como um todo, assim como as políticas orientadas à revolução global.

O feminismo definido em termos políticos e que ressalta tanto a experiência coletiva como a individual desafia as mulheres a ingressarem num novo domínio – é nosso papel deixar para trás a visão apolítica que o sexismo impõe e desenvolver nossa consciência política. As mulheres sabem pelas experiências de seu dia a dia que muitas de nós raramente discutem política. E mesmo nos tempos em que o feminismo contemporâneo estava no auge e as mulheres costumavam falar sobre política sexista, fracassamos em fazer com que esse engajamento sério com questões políticas levasse a uma análise complexa do *status* social da mulher pelo fato de termos insistido em ver os homens como o grande "inimigo", a causa de todos os nossos males. Em consequência, ficamos quase exclusivamente focadas nas questões da supremacia masculina e da ideologia do sexismo. Esse foco – "o homem como inimigo" – criou, como Marlene Dixon deixou claro em seu ensaio "The Rise and Demise of Women's Liberation: A Class Analysis" (Ascensão e Fracasso da Libertação das Mulheres: Uma Análise de Classe), uma "política de opressão psicológica", evocando uma visão de mundo que "coloca indivíduo contra indivíduo e mistifica a base social da exploração". Ao repudiar a noção popular de que o foco do movimento feminista deveria ser a igualdade social entre os sexos e ao enfatizar a erradicação da base cultural da opressão de grupo, nossa própria análise iria requerer uma investigação de todos os aspectos da realidade política da mulher. Sob essa óptica, raça e opressão de classe, como questões feministas, teriam a mesma relevância que o sexismo.

Quando o feminismo, na forma como é definido, consegue chamar a atenção para as diversas realidades sociais e políticas da mulher, ele põe no centro a experiência de todas as mulheres, especialmente daquelas cujas condições sociais estão menos presentes como tema de estudo e como horizonte das práticas transformadoras dos movimentos políticos. Quando deixamos de insistir na opinião simplista de que "os homens são o inimigo", somos compelidas a examinar os sistemas de dominação e nossa contribuição para a sua manutenção e perpetuação. Na falta de uma definição adequada, fica fácil para as mulheres burguesas – não importando se de perspectiva liberal ou radical – manterem-se no comando do movimento. Essa hegemonia continua a existir na maioria das organizações feministas. Grupos de mulheres submetidos a exploração e opressão geralmente são desencorajados por aqueles que estão no poder a buscar alguma saída para a sua situação, a acreditar que podem fazer alguma coisa para romper com o padrão de dominação. Por conta disso, essas mulheres costumam achar que a única resposta à hegemonia branca e burguesa no movimento feminista consiste em criticar e dar as costas ao feminismo enquanto tal. Desnecessário dizer que esse tipo de reação não oferece nenhuma ameaça às mulheres que almejam manter o controle sobre os rumos teóricos e práticos do feminismo. Para elas, é preferível que fiquemos em silêncio, que aceitemos passivamente suas ideias. Elas preferem que falemos contra "elas" a elaborarmos nossas próprias ideias sobre o movimento feminista.

O feminismo é a luta para acabar com a opressão sexista. Seu objetivo não é beneficiar apenas um grupo específico de mulheres, uma raça ou classe social de mulheres em particular. E não se trata de privilegiar a mulher em detrimento do homem. Ele pode transformar nossas vidas de um modo significativo. E o mais importante: o feminismo não é um estilo de vida, nem uma identidade pré-fabricada ou um papel a ser desempenhado em nossas vidas pessoais. Desviando as energias do movimento feminista de seu foco na transformação social, muitas mulheres se voltaram para o desenvolvimento de uma contracultura, de um mundo centrado na mulher onde as participantes estabelecem pouco contato com os homens. Esse tipo de tentativa não indica nenhum respeito ou preocupação pelas inúmeras mulheres que não conseguem harmonizar suas formas culturais de expressão com a visão oferecida pelas comunidades alternativas centradas na mulher. Em *Beyond God the Father* (Além de Deus Pai), Mary Daly conclama as mulheres a abandonarem "a segurança oferecida pelo sistema patriarcal" e a criarem novos espaços centrados na mulher. Respondendo a Daly, Jeanne Gross aponta as contradições que emergem quando o foco do movimento feminista é a construção de novos espaços:

A criação de semelhante "contramundo" coloca uma enorme pressão sobre as mulheres que tentam embarcar em tal projeto. A pressão vem da crença de que o único recurso verdadeiro para esse tipo de desafio somos nós mesmas. O passado que é totalmente patriarcal é visto como irremediável...

Se nos pusermos a criar uma cultura alternativa sem diálogos com os demais (e as circunstâncias históricas que dão origem a suas identidades), não teremos nenhuma baliza para os nossos objetivos. Corremos o sério risco de que a ideologia dominante da cultura seja duplicada no movimento feminista por meio do imperialismo cultural.

Equiparar a luta feminista à vida num mundo de contracultura e centrado na mulher serviu apenas para isolar o movimento e separá-lo da maior parte das mulheres. A despeito da discriminação, da exploração e da opressão sexista, muitas mulheres acham que suas vidas são importantes e valiosas. Logo, a sugestão de que essas vidas pudessem ser simplesmente descartadas ou abandonadas em prol de um estilo de vida alternativo não poderia deixar de provocar reações negativas. A sensação de não terem suas experiências de vida valorizadas, mas antes encaradas de modo apenas negativo, fez com que muitas mulheres reagissem desferindo ataques veementes ao feminismo. Ao rejeitar a noção de um "estilo de vida" feminista alternativo, criado e configurado como uma subcultura (quer se trate de um espaço de convivência, quer de espaços como o dos estudos da mulher, que em muitos departamentos universitários se tornaram exclusivos), e ao sugerir que a luta feminista pode começar de qualquer lugar onde a mulher esteja, instituímos um movimento que foca em nossa experiência coletiva e que conta sempre com apoio de massa.

Ao longo dos seis últimos anos, muitas comunidades de tendências separatistas foram formadas por mulheres; no entanto, nota-se que o foco passa a ser não mais o desenvolvimento de espaços centrados na mulher e sim a ênfase na identidade. Esses espaços centrados na mulher só podem perdurar se as mulheres continuarem convencidas de que esses são os únicos lugares em que podem encontrar sua liberdade e sua realização pessoal. Depois de assumirem uma identidade "feminista", as mulheres geralmente procuram seguir um estilo de vida "feminista". Porém, entender o feminismo como mais um papel social pré-definido que pode ser escolhido no mercado das identidades contribui apenas para perpetuar o sistema opressor. Essa predisposição para ver o feminismo como um estilo de vida e não como um compromisso político reflete a natureza de classe do movimento. Não surpreende que a vasta maioria das mulheres que equiparam feminismo a estilo de vida alternativo é proveniente da classe média, jovens solteiras, geralmente com ensino superior, que desconhecem as responsabilidades sociais e econômicas enfrentadas diariamente por mulheres pobres e operárias, casadas, que cuidam de casa e da família e que trabalham. Às vezes, as lésbicas equiparam feminismo a estilo de vida, mas por razões consideravelmente distintas. Frente ao preconceito e à discriminação contra as lésbicas em nossa sociedade, comunidades alternativas centradas na mulher são uma forma de criar ambientes positivos, afirmativos. Apesar das razões positivas para a construção de espaços assim (que não precisam ser equiparados a um estilo de vida "feminista"), tais como prazer, apoio e compartilhamento de recursos, a ênfase na contracultura tem servido para alienar as mulheres do movimento feminista, pois espaços alternativos podem surgir em igrejas, cozinhas etc.

O anseio por comunidade, por conexão, a necessidade de não se sentirem sozinhas em seus propósitos fazem com que muitas mulheres busquem amparo em organizações feministas. E por conta da satisfação pessoal que encontram nas novas relações produzidas nesses contextos tidos como "seguros", "acolhedores", com discussões focadas na ideologia feminista, elas não se perguntam se essa necessidade de comunidade é igual em todas as mulheres. Certamente, há muitas mulheres negras e de outros grupos étnicos que não se ressentem da falta de experiências comunitárias femininas, não obstante toda a exploração e opressão em suas vidas. Focar no feminismo como um modo de desenvolver identidade e comunidade tem pouco apelo para mulheres que vivem experiências comunitárias e estão mais preocupadas em descobrir uma forma de acabar com a exploração e a opressão. Elas podem se interessar por políticas feministas que visam a erradicar a opressão sexista, mas provavelmente nunca sentirão a veemente necessidade de ter uma identidade e um estilo de vida "feministas".

A ênfase na identidade e no estilo de vida tende a ser atraente porque cria a sensação de engajamento prático. No entanto, a práxis dentro de qualquer movimento político que almeja exercer um impacto transformador radical na sociedade não pode se resumir à criação de espaços em que pretensos radicais encontram segurança e acolhimento. O engajamento real de quem adere ao movimento das mulheres para acabar com a opressão sexista é feito de lutas revolucionárias. E uma luta raramente é algo seguro e prazeroso.

Ao enxergar o feminismo como um compromisso político, estamos nos contrapondo ao feminismo enquanto mera identidade individual e estilo de vida (que não deve ser confundido com a necessidade real e legítima de unir teoria e prática). Trata-se de uma forma de resistência que nos engaja numa práxis revolucionária. Os modelos éticos ocidentais formulados pelo capitalismo e pelo imperialismo estão voltados mais para a pessoa do que para a sociedade. Eles nos ensinam que o bem individual é melhor do que o bem comum e, consequentemente, que a mudança individual é mais importante do que a mudança coletiva. Essa forma particular de imperialismo cultural tem sido reproduzida pelo movimento feminista na figura de mulheres que equiparam o fato de suas vidas terem se modificado significativamente pelos "mandamentos" do feminismo com uma política em que nenhuma mudança precisa ocorrer na teoria e na prática, ainda que isso tenha pouco ou nenhum impacto na sociedade como um todo ou na massa da população feminina.

Para fortalecer o engajamento feminista no sentido de um compromisso político, deveríamos evitar usar a frase "sou feminista" (essa estrutura linguística que remete à identidade e à autodefinição da pessoa) e dizer "defendo o feminismo". Por conta da ênfase indevida nos quesitos identidade e estilo de vida, as pessoas costumam incorrer em perspectivas estereotipadas sobre o feminismo. Tirar a atenção dos estereótipos é necessário se quisermos rever nossas estratégias e trilhar novos caminhos. Tenho constatado que dizer "sou feminista" geralmente significa que estou conectada a noções preconcebidas de identidade, papel e comportamento. Quando digo "defendo o feminismo", a resposta que geralmente surge é "o que é feminismo?". A frase "defendo o feminismo" não implica o tipo de absolutismo sugerido pela afirmação "sou feminista". Ela não nos engaja naquela mentalidade dualista que constitui um componente ideológico central de todos os sistemas de dominação da sociedade ocidental. Implica antes que uma opção foi feita, que o compromisso com o feminismo é um ato de vontade. Não sugere a ideia de que, uma vez firmado o compromisso com o feminismo, desaparece qualquer possibilidade de apoio a outros movimentos políticos.

Como uma mulher negra interessada no movimento feminista, sou frequentemente indagada se ser negra é mais importante que ser mulher; se a luta para acabar com a opressão sexista é mais importante que a luta pelo fim do racismo ou vice-versa. Todas essas questões estão enraizadas no pensamento competitivo, na crença de que o indivíduo se constitui em oposição aos demais. Assim, uma mulher é feminista porque não é outra coisa. Muitas mulheres são socialmente educadas a pensar mais em termos de oposição do que de compatibilidade. Em vez de enxergarem o trabalho de erradicação do racismo como totalmente compatível com a luta contra a opressão sexista, elas geralmente interpretam essa situação como dois movimentos em competição pelo primeiro lugar. Quando alguém pergunta "você é feminista?", fica parecendo que uma resposta afirmativa significa que a pessoa não está preocupada com nenhuma outra questão afora o feminismo. E se a mulher for negra, uma resposta afirmativa provavelmente soará como menosprezo em relação à luta pelo fim do racismo. Com receio de serem mal interpretadas, as mulheres negras e de grupos étnicos oprimidos e explorados têm sentido dificuldade em manifestar seu interesse pelas questões feministas. Muitas mulheres não se sentem seguras em dizer "sou feminista". Dizer "defendo o feminismo" em vez de "sou feminista" poderia ser uma estratégia útil para eliminar o foco na identidade e no estilo de vida. Poderia ser um modo pelo qual as mulheres preocupadas com o feminismo e com outros movimentos políticos pudessem expressar seu apoio, evitando estruturas linguísticas que dão primazia a um grupo em particular. Isso também serviria para encorajar novas pesquisas e formulações no campo da teoria feminista.

Abandonar as definições em torno do eixo da igualdade de gênero em proveito da ênfase no fim da opressão sexista promove mudanças de atitude importantes em relação ao desenvolvimento da teoria. Dada a natureza de classe do movimento feminista, assim como as hierarquias raciais, o desenvolvimento da teoria (o conjunto de crenças e princípios que norteiam a ação) tem sido uma tarefa especialmente sujeita à predominância de mulheres brancas e acadêmicas. Isso tem levado muitas mulheres que não integram grupos privilegiados em termos de classe e raça a considerar a atividade teórica, inclusive o próprio uso do termo "teoria", como um tipo de preocupação que serve apenas para reforçar o poder dos grupos de elite. Esse tipo de reação reforça a noção classista/sexista/racista de que desenvolver teoria é uma atividade exclusiva da elite intelectual. Sintomático é que as mulheres brancas privilegiadas do movimento feminista, de perspectiva liberal ou radical, encorajem as mulheres negras a contribuir com trabalhos ligados à "experiência pessoal", ou seja, a falarem sobre a própria história de vida. Experiências pessoais são importantes para o movimento feminista, mas não podem substituir a teoria. Charlotte Bunch explica o significado especial da teoria em seu ensaio "Feminism and Education: Not by Degrees" (Feminismo e Educação: Não Por Diplomas):

> A teoria nos permite ver as necessidades imediatas como objetivos de longo prazo e uma perspectiva abrangente sobre o mundo. Ela nos oferece uma moldura para avaliar estratégias diversas, de curto ou longo prazo, bem como visualizar as várias mudanças que podem decorrer de sua aplicação. A teoria não é apenas um aglomerado de fatos ou um conjunto de opiniões pessoais. Ela envolve explicações e hipóteses que são baseadas no conhecimento e na experiência comuns. Ela também repousa sobre conjecturas e *insights* a respeito de como interpretar aqueles fatos e experiências e seus significados.

Desde que as mulheres brancas definiram o feminismo de um modo que o fez parecer sem real importância para as mulheres negras, elas puderam concluir que as mulheres negras não precisavam contribuir para o desenvolvimento da teoria. O que nos caberia era fornecer histórias de vida interessantes para documentar e validar o conjunto vigente das pressuposições teóricas (uma discussão interessante sobre as respostas das mulheres negras ao movimento feminista pode ser encontrada no ensaio "Challenging Imperial Feminism" [Desafiando o Feminismo Imperial], de Valerie Amos e Pratibha Parmar). O foco na igualdade de gênero levou à ênfase na discriminação, nas atitudes masculinas e nas reformas jurídicas. O feminismo como movimento para acabar com a opressão sexista chama nossa atenção para os sistemas de dominação e para a inter-relação entre sexo, raça e opressão de classe. Desse modo, nos compele a conferir centralidade às experiências e aos mandamentos sociais das mulheres que vivem sob o peso da opressão sexista, abrindo assim um caminho para a compreensão do *status* social coletivo das mulheres dos Estados Unidos. Definir o feminismo como um movimento para acabar com a opressão sexista é crucial ao desenvolvimento da teoria porque constitui um ponto de partida para a investigação e a análise.

A futura luta feminista precisa ser solidamente alicerçada no reconhecimento da necessidade de erradicar os fundamentos e as causas culturais do sexismo e de outras formas de opressão social. Sem desafiar e modificar essas estruturas filosóficas, nenhuma reforma feminista terá um impacto duradouro. Por conseguinte, se faz necessário para as defensoras do feminismo reconhecer coletivamente que nossa luta não pode ser definida como um movimento cujo propósito final é a igualdade social de gênero, que termos como "feminismo liberal" e "feminismo burguês" representam contradições que precisam ser resolvidas, de modo a evitar que o feminismo seja continuamente cooptado por grupos de agenda particularista em proveito de interesses oportunistas.

3

A Importância do Movimento Feminista

Nos Estados Unidos, o movimento feminista contemporâneo conseguiu chamar a atenção em escala global para a exploração e a opressão da mulher. Com isso, deu uma enorme contribuição à luta feminista. Porém, no afã de destacar os abusos do sexismo, as mulheres focaram quase exclusivamente na questão da ideologia e da prática da dominação masculina, o que, infelizmente, fez com que o feminismo se assemelhasse mais a uma declaração de guerra dos sexos do que a uma luta política para acabar com a opressão sexista, em que mudanças teriam de ocorrer por parte não apenas dos homens, mas também das mulheres. Subjacente à retórica emancipatória das mulheres brancas, era comum a implicação de que os homens não tinham nada a ganhar com o movimento feminista, que o sucesso da mulher representaria o seu fracasso. E as militantes brancas eram as mais dispostas a transformar o movimento feminista no privilégio das mulheres sobre os homens. Raiva, hostilidade e revolta faziam do movimento feminista uma tribuna pública de ofensas. Desse modo, as autoproclamadas "feministas radicais" passavam uma mensagem reacionária: a de que *todos os homens são inimigos de todas as mulheres*. E as soluções que ofereciam ao problema iam desde uma utópica nação feminina e comunidades separatistas até a subjugação ou mesmo o extermínio de todos os homens. Essa raiva pode ter sido um catalisador da resistência e da mudança individual. Pode ter fomentado a união entre as mulheres em prol de uma tomada de consciência. Mas não fortaleceu a compreensão pública do significado do autêntico movimento feminista.

A discriminação, a opressão e a exploração sexista deflagraram uma guerra entre os sexos. O campo de batalha tradicional foi sempre o espaço doméstico. De algum tempo para cá, essa batalha vem ocorrendo em qualquer esfera, não importa se privada ou pública, frequentada por homens e mulheres, meninos e meninas. A importância do movimento feminista (quando não é cooptado por forças reacionárias, oportunistas) é que ele oferece uma nova plataforma ideológica para o encontro dos sexos, um espaço para crítica, luta e transformação. O movimento feminista pode pôr fim à guerra dos sexos. Pode transformar as relações de tal modo que a alienação, a competição e a desumanização que tanto afetam e definem as interações humanas venham a ser substituídas por sentimentos de intimidade, reciprocidade e companheirismo.

Ironicamente, não era comum que essas implicações positivas do movimento feminista estivessem no radar de organizadores e participantes com visão liberal. Quando as ativistas brancas conclamavam as mulheres a repudiar o papel de servas de terceiros, elas não demonstravam nenhum interesse em convencer os homens ou qualquer outra pessoa de que o movimento feminista era importante também para eles. De forma narcisista, focavam apenas na primazia do feminismo em suas vidas, universalizando suas próprias experiências. Construir um movimento feminista de massas nunca foi a questão central de sua agenda. Depois que muitas organizações foram estabelecidas, líderes expressaram o desejo por uma participação mais diversificada; queriam o envolvimento de mulheres que não fossem brancas, nem de classe média, não tivessem privilégios materiais nem ensino superior. As ativistas feministas nunca consideraram necessário explicar às massas de mulheres a importância do movimento feminista. Acreditando que a ênfase na igualdade social era uma preocupação universal, deram por certo que a ideia era atraente por si mesma. Estrategicamente, deixar de enfatizar a necessidade de um movimento de massas, bem como de organizar as bases e partilhar com todas as pessoas o significado positivo do movimento feminista ajudou a marginalizar o feminismo, fazendo-o parecer relevante apenas para as integrantes das organizações.

Críticas recentes ao movimento feminista destacam essas falhas sem frisar a necessidade de uma revisão da estratégia e do foco. Embora a teoria e a práxis do feminismo contemporâneo, com todas as suas falhas e inadequações, tenham se estabelecido, inclusive se institucionalizado, precisamos tentar mudar a sua direção, pois do contrário nunca iremos construir um movimento feminista que seja verdadeiramente uma luta para acabar com a opressão sexista. É no interesse dessa luta que devemos chamar a atenção para o impacto positivo, transformador que a erradicação da opressão sexista poderia ter em nossas vidas.

Muitas ativistas contemporâneas do feminismo argumentam que a erradicação da opressão sexista é importante por ser esta a contradição primária, a base de todas as outras opressões. O racismo e a estrutura de classe seriam, assim, decorrentes do sexismo. Implícita nessa linha de raciocínio está a tese de que a erradicação do sexismo, a "mais antiga opressão", "a contradição primária", deve anteceder qualquer outra preocupação, como o racismo ou o classismo. Sugerir que existe uma hierarquia entre os tipos de opressão, com o sexismo em primeiro lugar, serve apenas para produzir um senso de competição absolutamente desnecessário. Sabemos que a divisão de papéis sexuais existe desde as mais antigas civilizações, mas o que sabemos sobre essas sociedades não nos permite afirmar de forma categórica que nelas as mulheres eram oprimidas e exploradas. As civilizações mais antigas descobertas até agora são as da África negra arcaica, em que presumivelmente não havia problemas raciais nem divisão de classe tal como conhecemos hoje. O sexismo, o racismo e a ideologia de classe que existem no Ocidente podem refletir sistemas de dominação de natureza global, mas são formas de opressão que foram reveladas pela primeira vez por filósofos ocidentais. Esses sistemas podem ser compreendidos dentro do contexto ocidental, mas não através de um modelo evolucionário do desenvolvimento humano. Dentro de nossa sociedade, todas as formas de opressão encontram apoio no pensamento ocidental tradicional. A contradição primária do pensamento cultural ocidental é a crença de que o superior deve controlar o inferior. No livro *The Cultural Basis of Racism and Group Opression* (A Base Cultural do Racismo e da Opressão de Grupo), o filósofo John Hodge argumenta que o pensamento filosófico e religioso ocidental é a base de todas as formas de opressão existentes nos Estados Unidos.

A opressão sexista é de importância primordial não apenas porque é a base de todas as outras opressões, mas porque é a prática de dominação que a maior parte das pessoas experimenta, quer no papel de quem discrimina ou é discriminado, de quem explora ou é explorado. É a prática de dominação que a maioria das pessoas aprende a aceitar antes mesmo de saber que existem outras formas ou grupos de opressão. Isso não significa que erradicar a opressão sexista eliminaria outras formas de opressão. Uma vez que todas as formas de opressão estão ligadas em nossa sociedade, um sistema não pode ser erradicado enquanto os outros permanecem intactos. Desafiar a opressão sexista é um passo crucial na luta pela eliminação de todas as formas de opressão.

Diferentemente de outras formas de opressão, a maior parte das pessoas testemunha e/ou vivencia a prática da opressão sexista no âmbito familiar. O racismo e a opressão de classe tendem a ser testemunhados e/ou vivenciados fora de casa, na sociedade em seu aspecto mais amplo. Em seu ensaio "Dualist Culture and Beyond" (Cultura Dualista e Além), Hodge frisa que a família em nossa sociedade, quer em termos tradicionais, quer jurídicos, "reflete os valores dualistas da hierarquia e do controle autoritário coercitivo", exemplificados nas relações pais-filhos, marido-esposa:

É nessa forma de família que a maior parte das crianças aprende o sentido e a prática das regras hierárquicas e autoritárias. Aqui é onde elas aprendem a aceitar a opressão de grupo contra si mesmas enquanto não adultas e aprendem a aceitar a supremacia masculina e a opressão de grupo exercida sobre as mulheres. Aqui é onde aprendem que o papel masculino é trabalhar na comunidade, controlar a vida econômica da família e infligir punições e recompensas físicas e financeiras, e que o papel feminino é providenciar o suporte emocional associado à maternidade, sempre sob as regras econômicas do homem. Aqui é onde as relações de dominação e subordinação, superior e inferior, mestre e escravo são aprendidas e aceitas como "naturais".

Mesmo em famílias desprovidas de membros masculinos, as crianças aprendem a valorizar as regras autoritárias através das suas relações com as mães e outros adultos, bem como da rigorosa aderência aos padrões comportamentais definidos de modo sexista. Em muitas sociedades, a família é uma importante estrutura de pertencimento: uma base comum para pessoas ligadas por vínculos de consanguinidade, hereditariedade e laços emotivos; um ambiente de cuidado e afirmação, especialmente para os muito jovens e os muito velhos, para aqueles que não podem cuidar de si mesmos; um espaço para a partilha comum de recursos. Em nossa sociedade, a opressão sexista perverte e distorce a função positiva da família. A família existe como um espaço em que somos educados desde o berço para aceitar e apoiar formas de opressão. Em sua discussão sobre a base cultural da dominação, Hodge enfatiza o papel da família: "A família ocidental tradicional, com suas regras autoritárias estabelecidas pela figura masculina e pelos adultos, é a principal plataforma que, nos primeiros anos de nossas vidas, nos condiciona a aceitar a opressão de grupo como uma ordem natural."

Mesmo quando somos amados e cuidados por nossa família, ela simultaneamente nos ensina que esse amor não é tão importante quanto poder dominar outras pessoas. A luta pelo poder, as regras autoritárias coercitivas, o gesto bruto de dominação moldam a tal ponto a vida familiar que não raro ela se torna palco de intensa dor e sofrimento. Por isso os indivíduos se livram de suas famílias. Por isso as famílias se desintegram.

Análises feministas contemporâneas geralmente sugerem que o êxito do movimento feminista ou começaria ou terminaria abolindo a família. Uma sugestão que soa terrivelmente ameaçadora para muitas mulheres, especialmente as de cor[1]. (Em seu ensaio "Challenging Imperial Feminism", Valerie Amos e Pratibha Parmar examinam o modo como as discussões feministas sobre a família travadas no marco da cultura estadunidense e europeia são etnocêntricas e alienam as mulheres negras do movimento feminista.) Se existem feministas brancas para quem a família é primordialmente uma instituição de opressão (talvez por ter sido a estrutura social na qual sofreram abusos e exploração), muitas mulheres negras veem a família como a instituição menos opressiva de todas. A despeito do sexismo, o contexto familiar também pode propiciar a vivência de valores como dignidade, autoestima e humanidade, em contraste com a opressão que vigora no mundo lá fora. Sabemos, a partir de nossas experiências pessoais, que as famílias não se resumem aos lares constituídos por marido, esposa e crianças ou mesmo pelos parentes; também sabemos que padrões destrutivos gerados pela crença no sexismo existem em variadas estruturas familiares. Desejamos afirmar a primazia da vida familiar porque sabemos que os vínculos familiares são o único sistema sustentável de suporte para pessoas exploradas e oprimidas. Desejamos extirpar da vida familiar os abusos criados pela opressão sexista e não desmerecer a família enquanto tal.

De um modo geral, a desvalorização da família nas discussões feministas reflete a natureza de classe do movimento. Quem vem das classes privilegiadas desfruta de várias estruturas institucionais e sociais para afirmar e proteger seus interesses. A mulher burguesa pode repudiar a família sem achar que, ao fazê-lo, está aniquilando suas possibilidades de relacionamento, cuidado e proteção. Se tudo o mais falhar, ainda pode comprar cuidados. Como muitas mulheres burguesas ativas no movimento feminista foram educadas em núcleos familiares modernos, elas ficaram particularmente expostas às perversões da vida familiar criadas pela opressão sexista; talvez tenham gozado de privilégios materiais sem nenhuma experiência de amor e cuidado familiar. Mas a campanha de desvalorização que moveram contra a família alienou muitas mulheres do movimento feminista. Ironicamente, o feminismo é um movimento político radical que foca na transformação das relações familiares. O movimento feminista para acabar com a opressão sexista reafirma a vida familiar ao insistir que o propósito da estrutura familiar não é reforçar padrões de dominação no interesse do Estado. Ao desafiar a crença filosófica ocidental, que imprime em nossas consciências um conceito de vida familiar que é essencialmente destrutivo, o feminismo libertaria a família de modo que pudesse se tornar uma estrutura de laços positivos, livres de qualquer dimensão opressiva baseada em diferenciação de sexo, orientação sexual etc.

Politicamente, o Estado patriarcal, supremacista branco, toma a família como base para doutrinar seus membros com valores favoráveis ao controle hierárquico e à autoridade coercitiva. Desse modo, o Estado possui um forte interesse em projetar a noção de que o movimento feminista irá destruir a família. Na sua introdução à coletânea de ensaios *Rethinking the Family: Some Feminist Questions* (Repensando a Família: Algumas Questões Feministas), o sociólogo Barrie Thorne observa que a crítica feminista à vida familiar tem sido usada por grupos da Nova Direita em suas campanhas políticas: "Todas as questões levantadas pelas feministas, aquelas que concernem à família – entre elas, a reivindicação do direito ao aborto e da legitimação de formas alternativas de lares e arranjos sexuais, o desafio à autoridade masculina, à dependência econômica das mulheres e à responsabilidade exclusiva pela criação dos filhos – têm sido extremamente controversas."

Posturas feministas em detrimento do valor da família têm sido facilmente cooptadas para atender aos interesses do Estado. As pessoas se preocupam com o fato de que as famílias estão se desagregando, que a dimensão positiva da vida familiar está sendo ofuscada por atos de agressão, humilhação, abusos e violência cometidos dentro da estrutura familiar. Elas não devem ser convencidas de que o antifeminismo é o melhor caminho para melhorar a vida familiar. As ativistas do feminismo precisam afirmar a importância da família como uma estrutura de parentesco capaz de manter e nutrir as pessoas; precisam deixar clara a relação entre a opressão sexista e a desintegração familiar; e mostrar, com exemplos tanto reais como visionários, como a família é e como poderá ser se as injustas regras autoritárias forem substituídas por uma ética de princípios comuns, responsabilidades partilhadas e reciprocidade. O movimento para acabar com a opressão sexista é o único movimento de mudança social que irá fortalecer e preservar a vida familiar em todos os lares.

Dentro da estrutura familiar atual, os indivíduos aprendem a aceitar a opressão sexista como "natural" e são preparados para suportar outras formas de opressão, incluindo a dominação heterossexista. De acordo com Hodge: "A dominação atual dentro da família – de crianças por adultos, mulheres por homens – engendra formas de opressão de grupo que facilmente podem ser transferidas para a opressão 'legítima' de um grupo sobre outras pessoas definidas por 'raça' (racismo), nacionalidade (colonialismo), 'religião' ou 'outros aspectos'."

Significativamente, a luta para acabar com a opressão sexista que foca na destruição da base cultural desse tipo de dominação fortalece outras lutas de libertação. Indivíduos que lutam pela erradicação do sexismo sem apoiar a luta pelo fim do racismo ou das desigualdades de classe minam seus próprios esforços. Indivíduos que lutam pela erradicação do racismo e da desigualdade de classe, mas apoiam a opressão sexista, ajudam a manter as bases culturais de todas as forças de opressão de grupo. E, embora possam iniciar reformas bem-sucedidas, seus esforços não conduzirão a uma mudança revolucionária. Sua relação ambivalente com a opressão em geral é uma contradição que precisa ser resolvida, pois do contrário irão minar diariamente sua própria obra de aspirações radicais.

Infelizmente, não são apenas as pessoas politicamente ingênuas que se mostram inconscientes do fato de que as formas de opressão estão entrelaçadas. Não é raro que pensadores políticos brilhantes também o sejam. Homens como Frantz Fanon, Albert Memmi, Paulo Freire e Aimé Césaire, cujas obras têm muito a nos ensinar sobre a natureza da colonização, do racismo, do classismo e da luta revolucionária, geralmente ignoram as questões da opressão sexista em seus próprios escritos. Eles falam contra a opressão, mas o modo como definem a libertação dá a entender que apenas os "homens" oprimidos necessitam de liberdade. Em sua importante obra, *Black Skin, White Masks* (Pele Negra, Máscaras Brancas), Frantz Fanon traça um retrato da opressão, no primeiro capítulo, que equipara os colonizadores aos homens brancos, e os colonizados, aos homens negros. Ao final do livro, Fanon escreve sobre a luta pela superação da alienação:

> O problema considerado aqui tem a ver com o tempo. Serão desalienados todos aqueles – negros e brancos – que se recusarem a viver presos ao passado. Para muitos outros negros, por variados caminhos, a desalienação surgirá da recusa em aceitar o presente como algo definitivo.
>
> Sou um homem, e o que tenho de recapturar é todo o passado do mundo. Não sou responsável apenas pela revolta em Santo Domingo.

Sempre que alguém contribuir para a vitória da dignidade do espírito, sempre que um homem disser não a uma tentativa de subjugar seus companheiros, serei solidário com esse ato.

No livro *Pedagogia do Oprimido*, de Paulo Freire, um texto que ajudou muitas de nós a desenvolver consciência política, existe uma tendência a falar sobre a libertação das pessoas como libertação masculina:

> A libertação, por isso, é um parto. E um parto doloroso. O homem que nasce desse parto é um homem novo que só é viável na e pela superação da contradição opressores-oprimidos, que é a libertação de todos. A superação da contradição é o parto que traz ao mundo este homem novo não mais opressor; não mais oprimido, mas homem libertando-se.

(Durante uma discussão com Freire sobre essa questão, ele aceitou de bom grado essa crítica a sua obra e me pediu para partilhar isso com os leitores.) A linguagem sexista desses textos não impede as ativistas feministas de se identificarem com a mensagem central que veiculam e de aprender com ela. Diminui, mas não anula o valor dessas obras. E, no entanto, elas corroboram e perpetuam a opressão sexista.

A corroboração da opressão sexista que se nota em muitos escritos voltados à luta revolucionária, bem como em ações de homens que advogam políticas revolucionárias, mina toda a luta de libertação. Em muitos países onde pessoas estão engajadas em lutas de libertação, a subordinação da mulher ao homem diminui à medida que a situação de crise compele os homens a aceitarem e reconhecerem as mulheres como companheiras de luta, como é o caso de Cuba, Angola e Nicarágua. Geralmente, quando o período de crise passa, os velhos padrões sexistas emergem, antagonismos se desenvolvem e a solidariedade política arrefece. Seria um tônico para a práxis de qualquer luta de libertação se um compromisso pela erradicação da opressão sexista fosse um princípio fundador que moldasse o trabalho político. O movimento feminista deveria ter uma importância capital e primária para todos os grupos e indivíduos que desejassem dar um fim à opressão. Muitas mulheres que gostariam de participar plenamente de uma luta de libertação (de combater o imperialismo, o racismo, o classismo) têm suas energias drenadas porque estão continuamente às voltas com a discriminação, a exploração e a opressão sexista. No interesse da luta, da solidariedade e do empenho sincero pela erradicação de todas as formas de dominação, a opressão sexista não pode continuar a ser ignorada e posta de lado pelas ativistas políticas radicais.

Um importante estágio no desenvolvimento da consciência política é alcançado quando os indivíduos reconhecem a necessidade de lutar contra todas as formas de opressão. A luta contra a opressão sexista é de grande significado político – e não apenas para as mulheres. O movimento feminista é vital tanto por seu poder de nos libertar das terríveis garras da opressão sexista quanto por seu potencial para radicalizar e renovar outras lutas de libertação.

O sexismo dos homens negros tem minado a luta pela erradicação do racismo, da mesma forma que o racismo das mulheres brancas tem minado a luta feminista.

Um conhecimento politicamente profundo do mundo não condiz com a criação de um inimigo. [Susan Griffin]

4

Irmandade:
A Solidariedade Política Entre Mulheres

As mulheres são o grupo mais vitimado pela opressão sexista. Tal como outras formas de opressão de grupo, o sexismo é perpetuado por estruturas sociais e institucionais; por indivíduos que dominam, exploram ou oprimem; e pelas próprias vítimas, educadas socialmente para agir em cumplicidade com o *status quo*. A ideologia supremacista masculina encoraja a mulher a não enxergar nenhum valor em si mesma, a acreditar que ela só adquire algum valor por intermédio dos homens. Fomos ensinadas que nossas relações umas com as outras não nos enriquecem, mas, pelo contrário, deixam-nos ainda mais pobres. Fomos ensinadas que as mulheres são inimigas "naturais" umas das outras, que a solidariedade nunca irá existir entre nós porque não sabemos nem devemos nos unir. E essas lições foram muito bem aprendidas. Precisamos, por isso, desaprendê-las, caso queiramos construir um movimento feminista duradouro. Precisamos aprender a viver e trabalhar em solidariedade. Precisamos aprender o verdadeiro sentido e o verdadeiro valor da irmandade.

Embora o movimento feminista contemporâneo busque uma plataforma de experimentação para que as mulheres aprendam sobre solidariedade política, a irmandade não tem sido vista como uma conquista revolucionária pela qual as mulheres devessem trabalhar e lutar. A visão da irmandade evocada pelas ativistas do movimento de libertação das mulheres tinha como base a ideia de uma opressão comum. Desnecessário dizer que foram as mulheres burguesas e brancas, tanto as liberais quanto as radicais, que primeiramente professaram a crença na noção de "opressão comum". A ideia de "opressão comum" foi uma plataforma falsa e desonesta que ofuscou e mistificou a verdadeira natureza – complexa e multiforme – da realidade social da mulher. As mulheres se desentendem em decorrência de atitudes sexistas, racismo, privilégios de classe e uma série de outros preconceitos. As mulheres só poderão criar vínculos sólidos entre si quando enfrentarem esse problema e derem o passo necessário para eliminá-lo. Essas desavenças não serão eliminadas por um ato de boa vontade ou ideias românticas sobre a opressão comum, por mais importante que seja considerar as experiências partilhadas pelas mulheres de um modo geral.

De uns anos para cá, a irmandade, seja como slogan, mote ou grito de guerra, não tem mais o poder de evocar o espírito de união. Algumas feministas de agora parecem sentir que a união das mulheres, dadas as nossas diferenças, é um sonho impossível. Abandonar a ideia de irmandade como expressão da solidariedade política enfraquece e diminui o movimento feminista. A solidariedade fortalece a luta de resistência. Um movimento feminista amplamente empenhado na luta contra o sexismo não é sustentável sem uma frente unida – e cabe às mulheres tomarem a iniciativa e demonstrarem o poder da solidariedade. A menos que demonstremos que as barreiras que separam as mulheres podem ser eliminadas, que a solidariedade é possível, não poderemos ter esperanças de mudar e transformar a sociedade como um todo. Esse descaso com a irmandade se deu porque muitas mulheres – irritadas com o insistente discurso em torno da opressão comum, da identidade partilhada e da igualdade – criticaram ou rejeitaram o feminismo como um todo. A ênfase na irmandade ficou estigmatizada como um apelo emocional destinado a mascarar o oportunismo de mulheres burguesas, brancas e manipuladoras. Sob esse prisma, tratava-se de esconder o fato de que muitas mulheres exploram e oprimem outras mulheres. A advogada e ativista negra Florynce Kennedy escreveu, lá em 1970, um ensaio para a coletânea *Sisterhood Is Powerful* (A Fraternidade Feminina É Poderosa), manifestando seu ceticismo sobre a solidariedade entre as mulheres:

> É por esse motivo que tenho sérias dificuldades com a mística da irmandade: "Somos irmãs", "Não critique publicamente uma irmã" etc. Quando uma juíza pergunta a uma cliente minha onde estão as marcas da agressão que ela alega ter sofrido do marido (tal como fez a juíza da Corte da Família, Sylvia Jeffin Liese), e faz observações capciosas sobre o fato de minha cliente estar com sobrepeso, e quando uma outra juíza é tão hostil a ponto de, num gesto de autodesqualificação, se recusar a ordenar que um marido violento saia de casa (mesmo ele possuindo outra propriedade com cômodos perfeitamente habitáveis) – essas juízas não são minhas irmãs.

As mulheres foram inteligentes ao rejeitar uma irmandade falsa baseada em noções estreitas de união. É um erro permitir que essas distorções e suas autoras (muitas delas agora nos dizendo que o vínculo entre as mulheres é algo irrelevante) nos tornem insensíveis à irmandade. Em certos escritos feministas de nossa época (como o "Manifesto Redstockings"), evoca-se uma imagem da mulher como vítima. O estudo de Joan Cassell sobre a irmandade e o simbolismo no movimento feminista, *A Group Called Women* (Um Grupo Chamado Mulheres), examina a ideologia do vínculo entre as ativistas feministas. Escritoras contemporâneas como Leah Fritz evocam uma imagem da mulher como vítima no intuito de encorajar o vínculo entre as mulheres. Barbara Smith discute essa tendência em sua introdução para *Home Girls* (Garotas Domésticas).

As mulheres se tornam mais ricas quando se unem, mas não podemos desenvolver laços duradouros ou solidariedade política usando o modelo de irmandade criado pelas ativistas burguesas da libertação. Segundo elas, as mulheres se uniam pelo fato de serem vítimas, donde a ênfase na opressão comum. Essa concepção de união reflete diretamente o modo de pensar da supremacia masculina. A ideologia sexista ensina às mulheres que, pelo simples fato de serem do sexo feminino, elas já são vítimas. Em vez de repudiarem essa equação (que mistifica a experiência feminina – em sua existência cotidiana a maior parte das mulheres não está, o tempo todo, na condição de vítima passiva, desamparada, impotente), as ativistas da libertação a abraçaram, fazendo da vitimização a base da união das mulheres. Assim, as mulheres tinham de conceber a si mesmas como vítimas para que pudessem enxergar a relevância do movimento feminista em suas vidas. Unir-se pela vitimização criou uma situação em que mulheres assertivas, que se impunham, eram frequentemente vistas como incompatíveis com o movimento feminista. Foi essa lógica que levou determinadas ativistas brancas (e alguns homens negros) a sugerir que a mulher negra era tão forte que não precisava participar do movimento feminista. Daí que muitas ativistas brancas tenham abandonado o movimento feminista a partir do instante em que deixaram de se enxergar como vítimas. Ironicamente, as mulheres que mais desejavam ser vistas como vítimas, que davam um peso excessivo ao papel de vítima, eram mais privilegiadas e poderosas do que a vasta maioria das mulheres em nossa sociedade. Exemplos dessa tendência são alguns escritos sobre violência contra a mulher. Mulheres diariamente exploradas e oprimidas não podem deixar de acreditar em sua capacidade de exercer algum controle, mesmo que relativo, sobre suas vidas. Não podem olhar para si mesmas apenas como vítimas, porque sua sobrevivência depende do exercício contínuo de seus próprios poderes, quaisquer que sejam. Para elas, seria psicologicamente devastador se unir a outras mulheres por meio de um compartilhamento da vitimização. Elas se unem com base no somatório de suas forças e recursos. É esse tipo de união entre as mulheres que o movimento feminista deveria encorajar. É esse tipo de união que caracteriza a irmandade.

Aliando-se às "vítimas", as ativistas brancas da libertação não foram chamadas à responsabilidade de encarar a complexidade da própria experiência. Não se colocaram o desafio de examinar suas próprias atitudes sexistas perante outras mulheres, nem de explorar o modo como a raça e os privilégios de classe interferem em suas relações com mulheres de raça e classe social distintas. Assumindo o papel de vítimas e adotando o discurso de que os homens são os únicos inimigos, elas podiam abdicar de qualquer responsabilidade pela manutenção e perpetuação do sexismo, do racismo e do classismo. Não reconheceram nem combateram o inimigo interno. Não se prepararam para abdicar de privilégios e para fazer o "trabalho sujo" (a luta e o confronto necessários para a construção da consciência política, bem como as tediosas tarefas de organização que precisam ser realizadas no dia a dia do movimento) necessário para o desenvolvimento de uma consciência política radical, que começa pela avaliação crítica e honesta do próprio *status* social, dos próprios valores, convicções políticas etc. Nesse contexto, a irmandade foi convertida em mais um escudo contra a realidade, em mais um mecanismo de suporte. Essa versão de irmandade foi constituída a partir de pressupostos racistas e classistas no que respeita às relações entre as mulheres brancas, segundo os quais a *lady* branca (ou seja, a mulher burguesa) deve ser protegida de todas as possíveis preocupações e desconfortos e poupada das realidades negativas que possam levar a embates. Essa versão de irmandade ordenou que as irmãs deveriam amar umas às outras "incondicionalmente"; que deveriam evitar conflitos e minimizar desacordos; que não deveriam criticar umas às outras, especialmente em público. Por algum tempo, esses mandamentos criaram uma ilusão de unidade, refreando competição, hostilidades, desacordos perpétuos, criticismos abusivos (*trashing*), que, de um modo geral, eram a regra em grupos feministas. Hoje, muitos grupos dissidentes que partilham identidades comuns (a exemplo do WASP ["branco, anglo-saxão e protestante"], das acadêmicas brancas, das feministas anarquistas etc.) usam o mesmo modelo de irmandade, pois suas integrantes tentam apoiar, afirmar e proteger umas às outras dentro do grupo, enquanto demonstram hostilidade (geralmente com excessiva violência) em relação às mulheres de fora de sua esfera. Essa aliança seletiva de mulheres que fortalecem seus vínculos à medida que excluem e desvalorizam as mulheres que estão fora do grupo eleito lembra claramente as formas de aliança pessoal que sempre ocorreram entre as mulheres sob o regime patriarcal – a única diferença aqui é o interesse pelo feminismo.

Quando o movimento feminista contemporâneo surgiu, eu (e muitas outras mulheres negras) costumávamos ouvir das mulheres brancas, fosse nas aulas de estudos da mulher, em grupos de conscientização, em encontros etc., que a falta de participação de mulheres negras não era devido a um problema estrutural do movimento feminista, mas antes um indício de que as mulheres negras já eram livres. O estereótipo da mulher negra como uma mulher "forte" foi evocado nos escritos de várias ativistas brancas (por exemplo, Sara Evans, em *Personal Politics* [Políticas Pessoais]; Bettina Aptheker, em *Woman's Legacy* [O Legado da Mulher]).

Para fomentar a solidariedade política entre as mulheres, as ativistas feministas não devem se unir a partir de termos que são característicos da ideologia dominante da cultura. Temos de definir nossos próprios termos. Em vez de uma união com base na vitimização partilhada ou em resposta à falsa ideia de um inimigo comum, devemos nos unir com base no compromisso político de um movimento feminista que almeje o fim da opressão sexista. Dado esse compromisso, nossas energias não ficariam concentradas na questão da igualdade entre homens e mulheres ou apenas na luta contra a dominação masculina. Daríamos um basta no simplismo do binômio menina boa/menino mau como estrutura da opressão sexista. Antes de estarmos aptas a resistir à dominação masculina, precisamos romper com tudo aquilo que nos liga ao sexismo; precisamos trabalhar para transformar a consciência feminina. Trabalhando em conjunto para expor, examinar e eliminar a educação sexista dentro de nós mesmas, poderíamos fortalecer e confirmar umas às outras e construir uma fundação sólida para o desenvolvimento de uma solidariedade política.

Entre homens e mulheres, o sexismo se expressa na maior parte das vezes na forma da dominação masculina, que por sua vez leva à discriminação, à exploração e à opressão. Entre as mulheres, os valores supremacistas masculinos se manifestam por meio de desconfiança, postura defensiva e atitude competitiva. É o sexismo que faz com que uma mulher, sem nenhum motivo, se sinta ameaçada por outra. Se é o sexismo que ensina as mulheres a se comportarem como mero objeto sexual para os homens, também é ele que se faz presente quando as mulheres que repudiam esse papel torcem o nariz com desdém e ar de superioridade para as outras mulheres que não partilham desse repúdio. O sexismo induz as mulheres a menosprezarem o trabalho doméstico em prol de uma concepção idealizada sobre emprego e carreira. É um indicativo de que a ideologia sexista foi aceita quando uma mulher ensina ao filho que só existem dois tipos possíveis de comportamento padrão: o dominante e o submisso. O sexismo ensina as mulheres a odiarem a mulher, e, consciente e inconscientemente, somos guiadas por esse ódio em nosso contato diário umas com as outras.

Embora as ativistas feministas contemporâneas, sobretudo as radicais, venham chamando a atenção para o modo como as mulheres são capturadas pela ideologia sexista, não houve nenhum esforço mais concreto para descobrir como aquelas mulheres que advogam o patriarcado ou que aceitam acriticamente pressupostos sexistas poderiam desaprender a educação sexista que receberam. Geralmente, partia-se do pressuposto de que apoiar o feminismo era a mesma coisa que repudiar o sexismo em todas as suas formas. Atribuir-se o rótulo de feminista era aceito como sinal de uma transformação pessoal; em consequência, o processo pelo qual os valores eram alterados simplesmente não era levado em consideração ou, pelo menos, não podia ser apreendido com detalhes, tendo em vista que nenhuma mudança fundamental havia ocorrido. Às vezes os grupos de conscientização criavam espaço para as mulheres discutirem seu sexismo. O exame de suas próprias atitudes em relação a si mesmas e a outras mulheres geralmente agia como um catalisador de mudanças. Ao descrever o papel dos grupos de rap em *The Politics of Women's Liberation* (As Políticas da Libertação das Mulheres), Jo Freeman explica:

> As mulheres se juntaram em pequenos grupos para partilhar experiências pessoais, problemas e sentimentos. Dessa partilha pública vem a compreensão de que aquilo que se pensava ser individual é na verdade um fenômeno geral: aquilo que se pensava ser um problema individual tem uma causa social e uma solução política. Os grupos de rap atacam os efeitos da opressão psicológica e ajudam as mulheres a colocar essas coisas num contexto feminista. As mulheres aprendem a ver como estruturas e atitudes sociais as têm moldado desde o nascimento e limitado suas oportunidades. Descobrem até que ponto as mulheres têm sido difamadas nessa sociedade e desenvolvido preconceitos contra si mesmas e contra outras mulheres. Aprendem a desenvolver autoestima e a apreciar o valor da solidariedade grupal.

À medida que esses grupos perderam popularidade, em vez de novos grupos com funções semelhantes surgirem, abriu-se uma lacuna. As mulheres produziram uma grande quantidade de escritos feministas, mas não procuram saber quais os meios para se desaprender o sexismo.

Uma vez que vivemos numa sociedade que promove modas e adaptações temporárias superficiais de valores diversos, somos facilmente convencidas da ocorrência de mudanças efetivas em arenas em que se verificou apenas uma mínima ou nenhuma mudança. A atitude sexista das mulheres em relação umas às outras é uma dessas arenas. Nos Estados Unidos como um todo, as mulheres passam diariamente horas de seu tempo cometendo abusos verbais contra outras mulheres, geralmente por meio de fofocas maliciosas (que não devem ser confundidas com a fofoca enquanto forma de comunicação positiva). Novelas e dramas de televisão estão sempre retratando a relação das mulheres entre si como marcada por agressão, desprezo e competição. Em círculos feministas, o sexismo contra as mulheres é expresso por meio da crítica abusiva (*trashing*), do total desrespeito e falta de consideração ou interesse pelas mulheres que não se associaram ao movimento feminista. Isso é especialmente evidente nos *campi* universitários, onde os estudos feministas geralmente são vistos como uma disciplina ou um programa sem nenhuma relação com o movimento feminista. Na colação de grau do Barnard College, em maio de 1979, a escritora negra Toni Morrison disse à sua audiência:

> Não quero pedir, mas sim conclamar que não participem da opressão contra suas irmãs. Mães que abusam de suas crianças são mulheres, e é uma outra mulher, não uma agência, que tem de querer impedi-las. Mães que tocam fogo em ônibus escolares são mulheres, e é uma outra mulher, não uma agência, que tem de dizer para elas pararem. Mulheres que deixam de promover a carreira de outras mulheres são mulheres, e é uma outra mulher que precisa vir em auxílio da vítima. Assistentes sociais que humilham seus clientes às vezes são mulheres e somente uma outra colega mulher é que irá aplacar sua raiva.
>
> Estou alarmada com a violência que as mulheres produzem umas contra as outras: violência profissional, violência por meio de competição, violência emocional. Estou alarmada com a predisposição das mulheres para escravizar outras mulheres. Estou alarmada com a crescente falta de decência nas relações profissionais das mulheres.

Para construir um movimento feminista politizado, de massa, as mulheres precisam se esforçar mais para superar a alienação que existe entre elas mesmas e se livrar dos grilhões da educação sexista, como, por exemplo, a homofobia, o julgamento com base na aparência, o conflito entre as mulheres devido a práticas sexuais. Até agora, o movimento feminista não transformou a relação das mulheres entre si, especialmente entre mulheres que são estranhas umas às outras ou provenientes de contextos distintos, muito embora tenha havido ocasiões para que as mulheres individualmente ou em grupo se unissem. Devemos renovar nossos esforços para ajudar as mulheres a se desvencilharem do sexismo, caso queiramos desenvolver relações afirmativas no plano pessoal e criar unidade política.

O racismo constitui outra barreira à solidariedade entre as mulheres. A ideologia da irmandade vocalizada pelo ativismo feminista contemporâneo não se mostrou capaz de jogar luz sobre o fato de que foi a discriminação racista, a exploração e a opressão de mulheres multiétnicas por mulheres brancas que impediram que os dois grupos se reconhecessem um no outro e se percebessem comungando dos mesmos interesses e das mesmas preocupações políticas. Não há dúvida de que contextos culturais totalmente diferentes podem tornar difícil a comunicação. Isso tem sido especialmente verdadeiro para a relação entre mulheres brancas e negras. Historicamente, as mulheres brancas foram o grupo que, dentro da cultura supremacista branca, mais diretamente exerceu poder sobre as mulheres negras, e isso, geralmente, de um modo mais brutal e desumano do que racistas brancos do sexo masculino o fizeram. Hoje, apesar de os patriarcas, de um modo geral, ainda estarem no comando, as mulheres negras geralmente trabalham em situações em que seu supervisor imediato, chefe ou figura de autoridade é uma mulher branca. Conscientes dos privilégios que tanto os homens brancos quanto as mulheres brancas obtêm em consequência da dominação racial, as mulheres negras não se renderam ao apelo feminista à irmandade, antes apontaram sua contradição: que deveríamos então nos unir às mesmas mulheres que nos exploram a fim de libertá-las. Para muitas mulheres negras, esse apelo à irmandade soou como o pleito de um movimento que não nos dizia respeito. Como Toni Morrison explica em seu artigo "What Black Woman Thinks About Women's Lib" (O Que as Mulheres Negras Pensam Sobre a Libertação das Mulheres), muitas mulheres negras não respeitam as mulheres brancas e burguesas e nunca poderiam se imaginar apoiando uma causa que seria para o benefício delas:

> As mulheres negras têm invejado as mulheres brancas (sua aparência, sua vida fácil, a atenção que parecem receber de seus homens); elas poderiam temê-las (pelo controle econômico que têm tido sobre a vida das mulheres negras); e até as amado (como pode ocorrer entre as babás e as empregadas domésticas); mas tem sido impossível para as mulheres negras respeitar as mulheres brancas [...] As mulheres negras não possuem nenhuma admiração pelas mulheres brancas, pois não as veem como pessoas competentes e completas, quer disputem com elas pelas poucas vagas profissionais disponíveis para a mulher em geral ou limpem a sujeira de suas casas, elas as enxergam como crianças voluntariosas, bonitinhas, importunas, mas nunca como adultas realmente capazes de lidar com os problemas reais do mundo.
>
> As mulheres brancas ignoravam os fatos da vida – talvez por opção, talvez com a ajuda dos homens, não importa. Eram totalmente dependentes do casamento e do apoio masculino (em termos emocionais e econômicos). Lidavam com sua sexualidade de modo furtivo, com total abandono ou repressão. As mais privilegiadas entregavam os cuidados com a casa e com as crianças a terceiros (até hoje é motivo de divertimento para as mulheres negras ouvirem as feministas discursarem sobre libertação enquanto a vovó negra e legal de alguém assume a responsabilidade diária de cuidar dos filhos, limpar o chão, limitando-se a mulher libertada a verificar e corrigir o serviço e depois se entreter com as crianças). Se o movimento de libertação precisa dessas vovós para crescer, então alguma coisa de muito grave existe nele.

Muitas perceberam que o movimento de libertação das mulheres, tal como implementado pelas mulheres brancas burguesas, iria atender a seus interesses a expensas das mulheres pobres e trabalhadoras, boa parte delas negras. De fato, isso não constituía uma base adequada para a edificação da irmandade, e as mulheres negras teriam sido politicamente ingênuas se tivessem se aliado a esse movimento. No entanto, dadas as lutas travadas pelas mulheres negras, ontem e hoje, na organização política, a ênfase poderia ter sido o desenvolvimento e o esclarecimento da natureza da solidariedade política.

As mulheres brancas discriminam e exploram as negras e, ao mesmo tempo, agem com inveja e competitividade ao interagir com elas. Nem os processos de interação criam condições para que relações verdadeiras e de reciprocidade possam surgir. Depois de construírem uma teoria e uma práxis feministas de forma tal que não há espaço para a discussão do racismo, as mulheres brancas transferiram a terceiros a responsabilidade de chamar a atenção para o problema do racismo. Elas não precisavam tomar a iniciativa nas discussões sobre o racismo ou os privilégios raciais, mas podiam ao menos dialogar com as mulheres não brancas sobre o tema, sem que, para isso, tivessem de mudar a estrutura do movimento feminista ou abdicar de sua hegemonia. Elas podiam mostrar interesse numa maior participação de mulheres de cor nas organizações feministas, encorajando-as nesse sentido. Elas não estavam enfrentando o racismo. Mais recentemente, o racismo se tornou um tópico aceito nas discussões feministas não porque as mulheres negras chamaram a atenção para ele (isso é feito desde o começo do movimento), mas sim porque as mulheres brancas legitimaram esse tipo de discussão com suas próprias interpretações, um processo que é bem ilustrativo de como o racismo funciona. Comentando sobre essa tendência em seu ensaio "The Incompatible *Ménage à Trois*: Marxism, Feminism and Racism" (Um *Ménage à Trois* Incompatível: Marxismo, Feminismo e Racismo), Gloria Joseph afirma:

> Até hoje, as feministas não mostraram concretamente o potencial ou a capacidade para se envolver na luta contra o racismo com

o mesmo empenho que o fazem contra o sexismo. O recente artigo de Adrienne Riech é um exemplo desse tópico. Ela reitera muito daquilo que tem sido verbalizado pelas escritoras feministas negras, mas a recepção conferida ao seu artigo mostra novamente que são necessárias testemunhas para validar a causa negra.

Nos círculos feministas, o foco no racismo geralmente é uma forma de legitimar a estrutura autoritária que caracteriza a teoria e a práxis feministas. Como outras agendas de ações afirmativas do patriarcado capitalista e supremacista branco, amplas discussões sobre racismo ou declarações sobre sua importância tendem a conferir o selo do "politicamente correto" ao movimento feminista atual; elas não estão a serviço de uma luta de resistência contra a opressão racista em nossa sociedade (e no próprio movimento feminista). Pode-se afirmar que as discussões sobre racismo contêm um fundo sexista pelo fato de estarem focadas na culpa e no comportamento pessoal. O racismo não é uma questão relevante somente porque as ativistas brancas do feminismo são individualmente racistas. Elas representam uma pequena porcentagem das mulheres dessa sociedade. Elas poderiam ter sido antirracistas desde o começo, mas, ainda assim, a eliminação do racismo continuaria a ser uma questão central para o feminismo. O racismo é uma questão feminista fundamental porque está interconectado com a opressão sexista. No Ocidente, os fundamentos filosóficos da ideologia racista e sexista são similares. Embora valores etnocêntricos brancos tenham levado o feminismo a defender a prioridade do sexismo sobre o racismo, isso se deu na tentativa de criar uma noção evolucionista da cultura, o que de modo algum corresponde à nossa experiência vivida. Nos Estados Unidos, manter a supremacia branca foi sempre uma prioridade, talvez até maior do que manter uma divisão estrita de papéis entre os sexos. Não é mera coincidência que o interesse pelos direitos das mulheres brancas seja atiçado toda vez que ocorra um protesto antirracista e de massa. Mesmo a pessoa mais ingênua politicamente é capaz de compreender que o Estado supremacista branco, se tiver de escolher entre atender às necessidades do povo negro oprimido ou às necessidades das mulheres brancas (principalmente as provenientes das classes burguesas), irá agir no interesse das mulheres brancas. O movimento radical para acabar com o racismo (uma luta em nome da qual muitas pessoas já morreram) é muito mais ameaçador do que o movimento feminista moldado para atender às necessidades de classe das mulheres brancas em ascensão social.

Mas isso de modo algum torna menos necessário que o movimento feminista reconheça a importância da luta antirracista. A teoria feminista teria muito a oferecer se mostrasse às mulheres os caminhos pelos quais o racismo e o sexismo se interconectam, em vez de colocá-los um contra o outro ou simplesmente deixar o racismo de lado. Uma questão central do ativismo feminista tem sido a luta pelo direito das mulheres de controle de seu corpo. O próprio conceito de supremacia branca depende da perpetuação da raça branca. Manter o controle sobre o corpo das mulheres faz parte do interesse de dominação global do patriarcado branco. Qualquer ativista branca que trabalhe diariamente para ajudar as mulheres a obter controle sobre seus corpos e, ao mesmo tempo, se comporte de modo racista, nega e mina seus próprios esforços. Quando as mulheres brancas atacam a supremacia branca elas estão simultaneamente participando da luta para acabar com a opressão sexista. Esse é apenas um exemplo do modo como a opressão racista e a sexista se cruzam e complementam reciprocamente. Há muitos outros que precisam ser examinados pelas teóricas feministas.

O racismo permite que as mulheres brancas construam uma teoria e uma práxis feministas totalmente desvinculadas de qualquer coisa que lembre uma luta radical. A educação racista ensina as mulheres brancas a se arrogarem naturalmente mais aptas a liderar as massas do que outros grupos de mulheres. Por diversas vezes, elas mostraram que não querem fazer parte do movimento feminista – o que realmente querem é liderá-lo. Embora as ativistas burguesas e brancas comprometidas com a causa da libertação provavelmente saibam menos sobre movimentos de base do que as mulheres pobres e da classe trabalhadora, elas estavam certas de sua habilidade para liderar e confiantes de que o papel dominante na constituição da teoria e da práxis feministas cabia a elas. O racismo promove um sentimento inflado de importância e valor, especialmente quando associado a privilégios de classe. A maior parte das mulheres pobres e da classe trabalhadora, e mesmo algumas mulheres burguesas de cor, não teriam sequer imaginado poder lançar um movimento feminista sem antes contar com o apoio e a participação de diversos grupos de mulheres. Elizabeth Spelman frisa esse impacto do racismo em seu ensaio "Theories of Race and Gender: The Erasure of Black Women" (Teorias da Raça e do Gênero: O Apagamento da Mulher Negra):

> Esta é uma sociedade racista, e isso significa, dentre outras coisas, que, de um modo geral, a autoestima do povo branco é profundamente influenciada pela sua diferenciação e suposta superioridade em relação ao povo negro. Os brancos podem até achar que não são racistas porque não possuem escravos nem odeiam os negros, mas isso não quer dizer que muito daquilo que promove a autoestima dos brancos não esteja baseado no racismo, que distribui benefícios e fardos para brancos e negros de modo injusto.

Uma razão pela qual as mulheres brancas engajadas no movimento feminista não se dispuseram a enfrentar o racismo foi a arrogância de achar que apelar à irmandade era um gesto não racista. Muitas mulheres brancas que me disseram "queríamos mulheres negras e mulheres não brancas participando do movimento" eram totalmente incapazes de perceber que agiam como as "donas" do movimento, como as "anfitriãs", enquanto nós seríamos suas "convidadas".

Apesar do esforço atual para erradicar o racismo no movimento feminista, poucas têm sido as mudanças no âmbito da teoria e da práxis. Hoje, as ativistas do feminismo têm tomado algumas medidas novas, como incluir, em seus programas de curso, textos escritos por mulheres de cor, contratar mulheres de cor para dar cursos sobre os grupos étnicos a que pertencem, e garantir que uma ou mais mulheres de cor estejam representadas nas organizações feministas (o que é necessário e desejável). Porém, de um modo geral isso não passa de uma tentativa de encobrir o fato de que elas não estão nem um pouco dispostas a recuar de sua hegemonia na teoria e na práxis, uma hegemonia que não teriam estabelecido se não fosse o Estado capitalista, supremacista branco. Essa tentativa de manipular as mulheres de cor, um componente típico do processo de desumanização, nem sempre passa despercebido. Na edição de julho de 1983 da revista *In These Times* foi publicada uma carta de Theresa Funiciello sobre a questão das mulheres pobres e o movimento das mulheres, que mostra a natureza do racismo dentro do movimento feminista:

> Antes da conferência sobre a Mulher Urbana, há alguns anos, patrocinada pelo braço nova-iorquino do now, recebi um telefonema de um representante do now (cujo nome não lembro), procurando por uma porta-voz com qualificações especiais. Exigia que não fosse branca – poderia ser "bem articulada" – (ou seja, eu estava de fora), que não deveria ser negra, que poderia ser "bem agressiva". Talvez alguém de Porto Rico? Não devia entrar em assuntos políticos nem teóricos, mas se limitar ao tema "O Que o Movimento das Mulheres Tem Feito Por Mim?".

Funiciello respondeu a essa situação liderando uma invasão de mulheres multirraciais na conferência. Esse tipo de coisa mostra o espírito da irmandade.

Outra resposta ao racismo tem sido a criação de oficinas para desaprender o racismo e geralmente ministradas por mulheres brancas. Essas oficinas são importantes, ainda que tendam a focar no reconhecimento catártico, psicológico dos preconceitos pessoais, sem frisar a necessidade de uma mudança correspondente nos atos e compromissos políticos. Uma mulher que participa de uma oficina para desaprender o racismo e descobre que ela própria é racista não se torna por si só menos ameaçadora do que qualquer outra mulher inconsciente do próprio racismo. Reconhecer o próprio racismo só é importante quando leva a uma transformação. Mais estudos, publicações e implementações de práticas precisam ser realizados sobre como desaprender a educação racista. Muitas mulheres brancas que diariamente exercem seus privilégios de raça não possuem a consciência de que o fazem (o que explica o tom predominantemente confessional das oficinas para desaprender o racismo). Elas podem não ter nenhuma consciência a respeito da ideologia da supremacia branca e do quão extensamente seu comportamento e suas atitudes em relação às mulheres de cor são moldados segundo tais parâmetros racistas. Normalmente, as mulheres brancas se unem em virtude de uma plataforma comum de identidade racial sem reparar no significado de suas ações. Tal manutenção, e perpetuação, inconsciente da supremacia branca é perigosa, porque nenhuma de nós pode lutar para mudar nossas atitudes racistas se antes não reconhecermos que elas existem. Por exemplo, feministas brancas que não se conhecem se encontram por acaso num evento para discutir a teoria feminista. Elas podem ter a impressão de que o entrosamento entre elas ocorreu devido ao sentimento mútuo de irmandade, mas a atmosfera rapidamente muda quando uma mulher negra adentra o recinto. As mulheres brancas ficarão tensas, e todo o clima de tranquilidade e celebração se extinguirá. Inconscientemente, elas se sentem íntimas umas das outras porque se identificam do ponto de vista racial. A "branquitude" que as une é uma identidade racial que está diretamente relacionada à situação oposta, vale dizer, aquela em que as pessoas de cor aparecem como o "outro" e como "ameaça". Geralmente, quando falo para mulheres brancas sobre vínculos raciais, elas negam que isso existe; não é diferente de quando um homem sexista nega seu sexismo. Enquanto a supremacia branca não for compreendida e atacada pelas mulheres brancas, não poderá haver união entre elas e as mulheres multiétnicas.

As mulheres irão saber que as ativistas feministas brancas começaram a enfrentar o racismo de forma séria e revolucionária quando elas estiverem não apenas falando sobre o racismo nos fóruns feministas ou chamando a atenção para seus preconceitos pessoais, mas lutando ativamente para resistir à opressão racista em nossa sociedade. As mulheres saberão que se comprometeram politicamente com a eliminação do racismo quando ajudarem a mudar a direção do movimento feminista, quando trabalharem para combater a educação racista antes de assumirem posições de liderança ou moldar a teoria ou fazer contato com mulheres de cor, de tal modo que não perpetuem a opressão racial ou, consciente ou inconscientemente, não abusem e machuquem as mulheres não brancas. Esses são os gestos verdadeiramente radicais que podem criar uma base para a experiência da solidariedade política entre mulheres brancas e mulheres de cor.

As mulheres brancas não são o único grupo que precisa enfrentar o racismo em prol da emergência da verdadeira irmandade. As mulheres de cor precisam enfrentar as crenças que a supremacia branca nos fizeram introjetar, o "racismo internalizado", que pode nos levar ao ódio contra nós mesmas, fazendo com que, em vez de combater as forças opressivas, extravasemos a raiva e a vingança de modo injusto, cometendo violência e abusos umas contra as outras, e dificultando a comunicação entre os grupos étnicos. Muitas vezes mulheres de cor de diferentes grupos étnicos aprendem a nutrir ressentimento e ódio umas pelas outras ou a competirem entre si. Muitas vezes grupos de asiáticos, de latinos, de nativos americanos acham que podem se unir a grupos brancos no ódio contra as mulheres negras. As pessoas negras respondem a isso perpetuando os estereótipos racistas formados sobre esses grupos étnicos. Isso cria um círculo vicioso. As desavenças entre as mulheres de cor não serão eliminadas enquanto não tivermos a capacidade de assumir a responsabilidade pela unificação necessária, de modo que possamos aprender sobre nossas culturas, partilhar nossos saberes e nossas habilidades, e extrair força de nossa diversidade. Precisamos pesquisar e escrever mais sobre as barreiras que nos separam e sobre os caminhos pelos quais poderemos superar essa separação. Em geral, os homens de nossos grupos étnicos possuem um contato maior entre si do que nós mulheres. Em geral, assumimos tantas responsabilidades domésticas e de trabalho que não dispomos do tempo ou não reservamos o tempo para conhecer mulheres fora de nosso grupo ou comunidade. As diferenças de língua geralmente são um empecilho à comunicação; podemos mudar isso encorajando umas às outras a aprender espanhol, inglês, japonês, chinês etc.

Um fator que dificulta e às vezes até impossibilita a interação entre grupos multiétnicos de mulheres é não reconhecer que um padrão de comportamento comum numa cultura pode ser inaceitável em outra, que seu significado pode variar de uma cultura para outra. Depois de ter ministrado repetidas vezes um curso chamado "Mulheres do Terceiro Mundo nos Estados Unidos", aprendi a importância de aprender o que chamamos de "o código cultural do outro". Uma estudante estadunidense de origem japonesa explicou que sua relutância em participar de organizações feministas surgiu do fato de que as feministas tendem a falar muito rápido e sem pausa, tomando a palavra umas das outras sem cerimônia, tendo sempre respostas prontas na ponta da língua. Ela fora educada para pensar antes de falar, para considerar o impacto de suas palavras no interlocutor, uma característica que ela considerava especialmente verdadeira para os estadunidenses asiáticos. Ela se sentira deslocada nas várias ocasiões em que esteve presente em grupos feministas. Em nossas aulas aprendemos a dar espaço a pausas e a apreciá-las. Partilhando esse código, conseguimos criar uma atmosfera na classe que permitia diferentes padrões de comunicação. Era uma turma formada principalmente por mulheres negras. Muitas estudantes brancas se queixavam de que a atmosfera da classe era "demasiado hostil". Elas citavam o nível do barulho e os confrontos diretos que ocorriam na sala antes das aulas como um exemplo dessa hostilidade. Nossa resposta era dizer que isso que elas percebiam como agressão e hostilidade significava para nós uma forma brincalhona e afetiva de expressar nosso prazer de estarmos juntas. Explicávamos que não víamos a fala ruidosa e despojada do mesmo modo e as encorajávamos a trocar de código, vendo naquela fala um gesto afirmativo. Ao trocar o código, elas não apenas dariam início a uma experiência mais alegre e criativa como também aprenderiam que o silêncio e a fala tranquila em algumas culturas podem indicar hostilidade e agressão. Ao aprender o código cultural umas das outras e ao respeitar nossas diferenças, tivemos um sentimento de comunidade, de irmandade. Respeitar a diversidade não significa uniformidade ou igualdade. (A experiência de lecionar "Mulheres do Terceiro Mundo nos Estados Unidos", em San Francisco, enriqueceu profundamente meu entendimento sobre as mulheres de outras proveniências culturais. Sou grata a todas as alunas a quem ensinei, em especial a Betty e Susan.)

Reconhecer nossas diferenças e avaliar até que ponto determinam o modo como percebemos umas às outras era um interesse crucial desses encontros multirraciais em sala de aula. Tínhamos constantemente de nos lembrar que estávamos ali para apreciar as diferenças, uma vez que muitas de nós haviam sido educadas para temê-las. Falávamos da necessidade de admitir que todas nós sofremos de alguma maneira, mas que nem todas somos oprimidas ou oprimidas do mesmo modo. Muitas de nós temiam que nossas experiências fossem irrelevantes por não serem, diferentemente de outros casos, experiências de extrema opressão ou exploração. Descobrimos que nosso sentimento de união era maior quando as pessoas focavam verdadeiramente em suas próprias experiências, sem compará-las com as de outras pessoas de um modo competitivo.

Uma estudante, Isabel Yrigoyei, escreveu: "Não somos igualmente oprimidas. E isso não é nada legal. Devemos falar a partir de nós mesmas, de nossas próprias experiências, de nossas próprias opressões – não deve ser motivo de orgulho falar sobre a opressão alheia. Nunca deveríamos falar daquilo que não sentimos."

Quando começamos nossa comunicação focando na experiência individual, descobrimos que ela era diversa mesmo entre aquelas dentre nós que provinham do mesmo contexto étnico. Aprendemos que essas diferenças significavam que não temos experiências monolíticas que possamos identificar como "experiência de chicana"[1], "experiência de negra" etc. Uma "chicana" que cresce numa zona rural, falando espanhol em casa, possui uma experiência de vida diferente da de uma "chicana" que cresce falando inglês em sua casa num subúrbio burguês e predominantemente branco de Nova Jersey. Entre essas duas mulheres o sentimento de solidariedade não se colocará de forma automática. Embora sejam do mesmo grupo étnico, elas precisam se esforçar para desenvolver um sentimento de irmandade. Vendo essas diferenças, também fomos induzidas a combater nossa tendência a valorizar algumas experiências em detrimento de outras. Podemos até achar que as "chicanas" de língua hispânica são mais "politicamente corretas" do que as de língua inglesa. Porém, como havíamos deixado de lado o velho hábito de julgar e comparar, podíamos enxergar valor em cada experiência. Podíamos perceber que nossas experiências eram diferentes porque tínhamos necessidades diferentes, que não havia uma estratégia ou uma fórmula para o desenvolvimento de uma consciência política. Ao mapear estratégias distintas, pudemos afirmar nossa diversidade ao mesmo tempo que trabalhávamos em prol da solidariedade. As mulheres devem explorar várias formas de se comunicar umas com as outras interculturalmente para que consigam desenvolver solidariedade política. Quando as mulheres de cor lutam para aprender umas com as outras e umas sobre as outras, assumimos a responsabilidade pela construção da irmandade. Não precisamos esperar que as mulheres brancas mostrem o caminho da solidariedade; muito frequentemente, interesses oportunistas as levam na direção oposta. Podemos estabelecer vínculos de união com mulheres antirracistas. Podemos ficar juntas por meio de uma solidariedade política, por meio do movimento feminista. Podemos restaurar o verdadeiro sentido e valor da ideia de irmandade.

Cruzando transversalmente as linhas raciais, a classe constitui um sério fator de divisão política entre as mulheres. Muitas vezes foi sugerido pela literatura feminista do passado que a classe social não seria tão importante se um maior número de mulheres pobres e da classe trabalhadora ingressasse no movimento. Essa forma de pensar era não apenas uma negação da existência dos privilégios de classe obtidos através da exploração, mas também uma negação da luta de classes. Para construir a irmandade, as mulheres precisam criticar e repudiar a exploração de classe. Uma mulher burguesa que leva uma "irmã" menos privilegiada para almoçar ou jantar num restaurante chique está ciente da diferença de classe, mas não está repudiando o privilégio de classe – está exercendo-o. Vestir roupas usadas e morar numa casa barata num bairro pobre enquanto investe na bolsa de valores não é um gesto de solidariedade para com os desvalidos ou não privilegiados. Assim como no caso do racismo no movimento feminista, a ênfase na classe tem se focado no *status* e na mudança individual. Enquanto as mulheres não aceitarem a necessidade da distribuição de riqueza e de recursos nos Estados Unidos e não trabalharem pela implementação disso, não haverá nenhuma união entre mulheres de classes sociais distintas.

É terrivelmente evidente que o movimento feminista até agora serviu em primeiro lugar aos interesses de classe de homens e mulheres brancos e burgueses. A grande maioria das mulheres de classe média que recentemente ingressou no mercado de trabalho (estimuladas pelo movimento feminista) ajudou a fortalecer a economia da década de 1970. Em *The Two-Paycheck Marriage* (O Casamento Com Duas Fontes de Renda), Caroline Bird mostra o quanto essas mulheres (a maioria delas branca) ajudaram a impulsionar uma economia em declínio:

> As esposas com emprego ajudavam as famílias a manter o padrão de vida em meio à inflação. O escritório de estatística do trabalho concluiu que, entre 1973 e 1974, o poder real de compra das famílias com uma única fonte de renda caiu 3%, ao passo que nas famílias em que a esposa trabalhava essa queda foi apenas de 1% [...] As mulheres, em especial, vão à luta sempre que seu padrão de vida é ameaçado.
>
> As mulheres fizeram mais do que manter o padrão. Com seu trabalho, elas alçaram milhões de famílias à classe média. Seus ganhos representavam a diferença entre um apartamento e uma casa ou escola para as crianças.
>
> Essas esposas com emprego estavam começando a criar um novo tipo de rico – e um novo tipo de pobre.

Mais de dez anos depois, é evidente que um grande número de mulheres brancas (especialmente aquelas advindas da classe média) progrediu economicamente depois que o movimento feminista se voltou para a carreira e para os programas de ação afirmativa em muitas profissões. No entanto, a massa das mulheres continua pobre como sempre ou ainda mais pobre. Para a "feminista" burguesa, o salário de um milhão de dólares da apresentadora Barbara Walters simboliza a vitória da mulher. Para as mulheres da classe trabalhadora que ganham menos que um salário mínimo e com pouco ou nenhum benefício, isso significa a continuação da exploração de classe.

O *Dreamers and Dealers*, de Leah Fritz, é um bom exemplo da tentativa por parte das mulheres liberais de evitar o fato de que as classes privilegiadas se apoiam na exploração; que as mulheres ricas apoiam e aceitam essa exploração. Que as pessoas que mais sofrem são mulheres e crianças pobres e sem privilégios. Fritz tenta angariar simpatia para as mulheres das classes altas frisando seu sofrimento psicológico, destacando o fato de elas se tornarem vítimas nas mãos dos homens. Eis como conclui seu capítulo "Mulheres Ricas":

> O feminismo pertence tanto à mulher rica quanto à pobre. Ele pode ajudá-la a entender que seu interesse pessoal está ligado ao avanço de todo o gênero feminino; que o conforto da dependência é uma armadilha; que a gaiola de ouro também possui barras; e que, ricas ou pobres, somos todas massacradas pelo patriarcado, ainda que nossas feridas não sejam as mesmas. As turbulências psíquicas que fazem uma mulher buscar a ajuda de um psicanalista podem ser a fonte de energia para o único movimento que será capaz de curá-la, na medida em que conseguir libertá-la.

Fritz convenientemente ignora que a dominação e a exploração são necessárias para que haja mulheres ricas sujeitas à discriminação e à exploração sexista. Convenientemente, ela ignora a luta de classes.

As mulheres provenientes da classe baixa não tiveram dificuldade em reconhecer que a igualdade social discutida pelas ativistas da libertação das mulheres equiparava carreira e mobilidade social com libertação. Elas também sabiam quem seria explorada nessa luta por libertação. Enfrentando diariamente a exploração de classe, elas não têm como ignorar convenientemente a luta de classes. Na antologia *Women of Crisis* (As Mulheres da Crise), Helen, uma mulher branca e pobre que trabalha como doméstica na casa de uma "feminista" branca e burguesa, expressa sua compreensão da contradição entre a retórica e a prática feministas:

> Acho que a esposa está correta: todo mundo deveria ser igual. Ela sempre diz isso. Mas aí eu tenho que ir fazer o trabalho doméstico em sua casa, e não sou igual a ela, nem ela quer ser igual a mim; e não a culpo, porque, se eu fosse ela, eu iria segurar meu dinheiro tal como ela faz. Talvez seja isso que os homens fazem, eles estão segurando seu dinheiro. E essa é uma grande luta, como

sempre é em relação a dinheiro. Ela deve saber disso, ela não vai jogar fora seu salário gordo em prol de ninguém. Ela é justa; ela continua nos lembrando, mas não vai nos libertar, assim como os homens não vão libertar suas esposas ou as suas secretárias ou as demais empregadas de suas empresas.

As ativistas do movimento de libertação das mulheres não apenas equipararam a dor psicológica com a falta de recursos materiais a fim de que os privilégios de classe não recebessem tanta atenção; foram mais longe, muitas vezes sugerindo que essa dor era o problema mais grave. Elas conseguiram ignorar o fato de que muitas mulheres sofrem tanto psicológica quanto materialmente, que, só por essa razão, mudar seu *status* social já merecia mais atenção do que a questão da carreira profissional. É óbvio que a mulher burguesa que sofre psicologicamente tem mais chances de encontrar ajuda do que a mulher que passa tanto por privação material quanto por sofrimento emocional. Uma das diferenças básicas de perspectiva entre a mulher burguesa e a pobre da classe trabalhadora é que esta sabe que ser discriminada ou explorada por sua condição de mulher é doloroso e desumano, mas não costuma ser tão doloroso, desumano e ameaçador quanto não ter comida ou abrigo, quanto a fome crônica, quanto a adoecer e não ter acesso a cuidados médicos. Se as mulheres pobres tivessem sido responsáveis pela agenda do movimento feminista, elas poderiam ter decidido que a luta de classes seria um tema central do feminismo, que mulheres pobres e privilegiadas iriam trabalhar para entender a estrutura de classe da sociedade e o modo como essa estrutura lança as mulheres umas contra as outras.

Porta-vozes do socialismo feminista, mulheres brancas em sua maior parte, têm enfatizado a questão da classe, porém, nenhuma mudança efetiva de atitude em relação às classes se nota no movimento feminista. Apesar de apoiarem o socialismo, seus valores, atitudes e estilos de vida continuam a ser moldados por privilégios. Elas não têm desenvolvido estratégias coletivas para convencer as mulheres burguesas, sem perspectiva política radical, de que eliminar a opressão de classe é crucial aos esforços para acabar com a opressão sexista. Elas não têm trabalhado com suficiente empenho no sentido de atrair mulheres pobres e da classe trabalhadora que, embora possam não se reconhecer como socialistas, se reconhecem na necessidade de redistribuição da riqueza nos Estados Unidos. Elas não se empenharam muito para desenvolver a consciência das mulheres coletivamente. Boa parte de sua energia é consumida com a esquerda masculina branca, em debates sobre as relações entre o marxismo e o feminismo ou no intuito de explicar para as outras ativistas feministas que o socialismo feminista é a melhor estratégia para a revolução. A ênfase na luta de classes geralmente é vista como uma exclusividade do socialismo feminista. Mas isso é um erro. Embora eu mesma tenha chamado a atenção para as direções e estratégias que elas não tomaram, desejo enfatizar que essas questões deveriam ser colocadas por todas as ativistas do movimento feminista. Quando as mulheres encararem a realidade da ideologia de classe e se empenharem politicamente pela sua eliminação, não teremos mais os conflitos de classe que têm sido tão recorrentes no movimento feminista. Enquanto não focarmos na divisão de classe entre as mulheres, permaneceremos incapazes de construir solidariedade política.

O sexismo, o racismo e a ideologia de classe separam as mulheres umas das outras. Dentro do movimento feminista, divisões e desacordos sobre estratégias e ênfases levam à formação de vários grupos, cada um com uma posição política distinta. A formação de diferentes facções políticas e grupos com interesses especiais tem erguido barreiras desnecessárias ao desenvolvimento da irmandade que poderiam ser facilmente derrubadas. Grupos com interesses especiais levam as mulheres a acreditar que apenas as feministas socialistas deveriam se ocupar da questão da classe; que apenas as feministas lésbicas deveriam se ocupar da opressão das lésbicas e dos homens gays; que apenas as mulheres negras e de cor deveriam se ocupar do racismo; qualquer mulher pode se posicionar politicamente contra o sexismo, o racismo, o heterossexismo e a opressão classista. Ela pode escolher focar em questões políticas ou em causas particulares, mas se se opõe com firmeza a todas as formas de opressão, essa perspectiva mais ampla irá se manifestar em todos os seus trabalhos, independentemente de sua natureza específica. Quando as ativistas feministas são antirracistas e contra a opressão de classe, a presença de mulheres pobres ou de cor etc. não se torna um problema. Essas questões serão consideradas importantes e serão enfrentadas, embora, naturalmente, as mulheres mais afetadas pessoalmente por formas específicas de exploração sejam as que continuarão a atuar na linha de frente dessas lutas. As mulheres precisam aprender a aceitar a responsabilidade de combater aquelas formas de opressão que talvez não nos afetem diretamente como indivíduos. O movimento feminista, como qualquer outro movimento radical em nossa sociedade, sofre quando as preocupações e prioridades individuais constituem o único motivo para participação. Quando mostramos nossa preocupação com o coletivo, fortalecemos nossa solidariedade.

"Solidariedade" era uma palavra raramente usada no movimento feminista contemporâneo. Colocou-se muito mais ênfase na ideia de "apoio". Apoiar pode significar sustentar ou defender uma posição que a pessoa considera correta. Também tem o sentido de servir como base ou fundamento para uma estrutura frágil. Este último sentido possui grande relevância nos círculos feministas. Seu valor emergiu da ênfase na condição comum de vítima. Ao se reconhecerem como "vítimas", as mulheres estavam admitindo sua situação de desamparo e impotência, bem como a necessidade de apoio, nesse caso, o apoio das companheiras feministas, das "irmãs". Um termo que tinha tudo a ver com uma noção estreita de irmandade. Comentando sobre o uso do termo entre as ativistas feministas em seu ensaio "With All Due Respect" (Com Todo o Devido Respeito), Jane Rule explica:

Apoio é uma palavra bastante usada no movimento das mulheres. Para muitas pessoas significa dar e receber aprovação irrestrita. Algumas mulheres são terrivelmente hábeis em retirá-lo em momentos cruciais. Muitas estão convencidas de que não podem funcionar sem ele. É um conceito falso que tem obstaculizado a compreensão e causado verdadeiros danos emocionais. Não é preciso suspender o juízo crítico para oferecer apoio real, pois na verdade isso tem a ver com o respeito por si e pela outra pessoa, mesmo nos momentos de grave desacordo.

As mulheres aprenderam a odiar umas às outras, o que fica claro nas críticas violentas e brutais que costumam fazer entre si. Isso precisa ser erradicado a fim de que as mulheres possam fazer críticas e se envolver em discussões polêmicas de forma construtiva, sempre com o intuito de enriquecer e não diminuir a outra pessoa. O comportamento negativo e agressivo entre mulheres não pode ser erradicado se todo juízo crítico for suspenso. Ele é erradicado quando as mulheres aceitam o fato de que somos diferentes, de que iremos discordar necessariamente, mas que podemos discordar e argumentar umas com as outras sem agir como se estivéssemos numa luta de vida ou morte, sem perceber que estamos jogando fora nossa autoestima ao prorrompermos em agressões verbais contra a outra pessoa. É nessas ocasiões de desentendimento verbal que as mulheres se mostram enredadas num tipo de competição que tem muito mais a ver com as interações masculinas, em especial na arena dos esportes. As mulheres, assim como os homens, precisam aprender a dialogar sem competição. Rule sugere que as mulheres podem discordar sem agredir, se elas se derem conta de que não vão perder seu valor se forem criticadas: "Ninguém pode desqualificar minha vida se essa vida está em minhas mãos, e por isso eu não preciso fazer ninguém carregar o fardo de minha hostilidade."

As mulheres precisam se expor a situações em que os conflitos ideológicos não impeçam a comunicação de acontecer nem o debate de avançar para um maior grau de interação. Isso significa que, antes de almejarem a união ao se reunirem, as mulheres devem reconhecer que estamos divididas e que devemos desenvolver estratégias para superar medos, preconceitos, ressentimento, competitividade etc. As desavenças recorrentes nos círculos feministas têm levado muitas ativistas a evitar a interação com grupos ou indivíduos em que haja o risco de que as discordâncias terminem em confrontação. Segurança e apoio têm mudado de conotação, significando o encontro e a convivência de pessoas com afinidades e que partilham valores similares. Embora nenhuma mulher queira se envolver numa situação em que venha a ser psicologicamente aniquilada, as mulheres podem perfeitamente, sem temer o enfrentamento, buscar o caminho que vai da hostilidade à compreensão. A] como um fim em si é inútil, mas como catalisador, que nos leva a uma maior clareza e compreensão, cumpre um importante papel.

As mulheres precisam ter a experiência de trabalhar em contextos hostis para que possam atingir a compreensão e a solidariedade ou, pelo menos, se livrar do dogma sexista segundo o qual devemos evitar o embate para não corrermos o risco de sermos vitimadas ou destruídas. Por diversas vezes, tive a experiência, durante uma conversa, de dizer algo que soou como ofensa ao outro, gerando posições assertivas ou embates verbais cheios de hostilidade. A situação fica desconfortável, negativa, parecendo improdutiva, porque as pessoas elevam o tom de voz, choram etc. No entanto, acabo ficando com a impressão de que a experiência produziu clareza e crescimento tanto para mim quanto para a outra pessoa. Em certa ocasião, fui convidada por uma socióloga e professora negra, uma mulher de expressão suave, para falar numa de suas turmas. Entre as alunas havia uma jovem *chicana* que facilmente podia ser confundida com uma mulher branca. Tivemos uma discussão acalorada após eu ter-lhe dito que o fato de poder passar por branca dava-lhe uma perspectiva sobre raça totalmente diferente daquela de uma mulher de pele escura que não tem como disfarçar sua cor. Argumentei que qualquer pessoa que deparasse com ela sem saber de sua origem étnica provavelmente a veria como uma mulher branca e se comportaria de forma correspondente. Na ocasião, isso a irritou. Ela ficou tão furiosa que, num ato intempestivo, saiu abruptamente e aos prantos da sala de aula. A professora e suas alunas definitivamente me tomaram como o "cara malvado" que não só não apoiou a irmãzinha, mas ainda a fez chorar. Sentiram-se desconfortáveis com o fato de que o encontro não tivesse sido de todo agradável, desprovido de emoção e de paixão. É claro que fiquei me sentindo péssima na hora. A estudante, no entanto, semanas depois entrou em contato comigo para externar o sentimento de ter adquirido novos *insights* e uma nova visão em decorrência de nosso encontro, e que isso a havia feito crescer. Incidentes como esse, que a princípio parecem negativos por conta da tensão e da hostilidade, podem gerar um crescimento positivo. Se as mulheres sempre evitarem o embate a fim de se sentirem "seguras", nunca experimentaremos nenhuma mudança revolucionária, nenhuma transformação, individual ou coletiva.

Quando as mulheres lutarem ativamente para compreender nossas diferenças, para mudar perspectivas distorcidas e equivocadas, lançaremos as bases para a experiência da solidariedade política. Solidariedade e apoio são coisas distintas. A experiência da solidariedade requer uma comunhão de interesses, crenças e objetivos em torno dos quais se possa formar uma aliança, uma irmandade. O apoio pode ser ocasional. Ele pode ser oferecido e retirado com a mesma facilidade. A solidariedade requer um compromisso firme, contínuo. No movimento feminista, para que possamos crescer, é preciso diversidade, divergência e diferenças. Como Grace Lee Boggs e James Boggs enfatizam em *Revolution and Evolution in the Twentieth Century* (Revolução e Evolução no Século xx):

> A mesma apreciação da realidade das contradições está na base do conceito de crítica e autocrítica. A crítica e a autocrítica são os meios pelos quais indivíduos unidos por objetivos comuns podem conscientemente utilizar suas diferenças e limitações, isto é, o negativo, para fazer acelerar o avanço do positivo. Trata-se,

como se diz popularmente, de "transformar algo ruim numa coisa boa".

As mulheres não precisam eliminar suas diferenças para construir vínculos de solidariedade. Não precisamos viver sob a mesma opressão para combatermos a opressão em si. Não precisamos sentir hostilidade contra os homens para nos unirmos, tão grande é a riqueza das experiências, culturas e ideias que podemos partilhar umas com as outras. Podemos ser irmãs unidas pelo compartilhamento de interesses e crenças, unidas em nosso apreço pela diversidade, unidas em nossa luta para acabar com a opressão sexista, unidas na solidariedade política.

"Uma ideologia revolucionária só poderá ser criada se as experiências daquelas pessoas que estão à margem, que sofrem a opressão sexista e outras formas de opressão de grupo, forem compreendidas, discutidas e assimiladas. Elas precisam participar do movimento feminista como proponentes teóricas e líderes práticas.

5

Homens:
Companheiros de Luta

Definido como movimento para acabar com a opressão sexista, o feminismo autoriza homens e mulheres, meninos e meninas, a participarem em condições iguais da luta revolucionária. Até agora, as mulheres têm sido o motor primordial do movimento feminista – a participação masculina é rara. Essa falta de participação não é consequência apenas do antifeminismo. Quando as feministas liberais fizeram da libertação das mulheres sinônimo de igualdade de gênero, realmente criaram uma situação em que elas, não os homens, designaram o movimento feminista como "obra das mulheres". Embora estivessem atacando a divisão do trabalho baseada em papéis sexuais, o sexismo institucionalizado que atribui à mulher trabalho sem qualificação, sem remuneração e "sujo", elas estavam agora atribuindo à mulher uma outra tarefa baseada em papéis sexuais: a tarefa de fazer a revolução feminista. As ativistas do movimento de libertação das mulheres conclamaram todas as mulheres a se juntarem ao movimento feminista, mas não frisaram, concomitantemente, que o homem deveria participar ativamente na luta contra a opressão sexista. Os homens, diziam elas, eram o opressor, o misógino, o todo-poderoso – numa palavra, o inimigo. As mulheres eram as oprimidas, as vítimas. Essa retórica reforçava a ideologia sexista ao fazer circular de uma forma invertida a ideia de um conflito básico entre os sexos, com a implicação de que o empoderamento das mulheres necessariamente se daria a expensas dos homens.

Assim como em outras questões, a insistência de um movimento feminista "apenas com mulheres", bem como uma virulenta hostilidade aos homens, refletia a origem racial e de classe de suas participantes. Mulheres brancas e burguesas, especialmente as feministas radicais, tinham inveja e raiva dos homens brancos privilegiados, na medida em que estes não dividiam com elas de forma equânime os privilégios de sua classe. O feminismo forneceu às mulheres fóruns públicos para que elas expressassem sua raiva, além de plataformas políticas permitindo que colocassem em evidência a questão da igualdade social, demandassem mudanças e promovessem reformas específicas. Elas não estavam muito interessadas em chamar a atenção para o fato de que os homens não comungam de um mesmo *status* social, de que o patriarcado não nega a existência de privilégios e exploração de classes e raças, de que os homens não se beneficiam todos por igual do sexismo. Elas não queriam reconhecer que as mulheres brancas e burguesas, embora geralmente vitimadas pelo sexismo, possuem mais poder e privilégios, estão menos sujeitas a serem exploradas e oprimidas do que os homens pobres, sem instrução e de cor. Na época, muitas ativistas brancas do movimento de libertação das mulheres não se importavam com o infortúnio dos grupos masculinos submetidos à opressão. Gozando de privilégios de raça e/ou classe, elas julgavam as experiências de vida desses homens como indignas de atenção, menosprezando-as, ao mesmo tempo que faziam vistas grossas ao apoio que davam à exploração e opressão contínuas. Frases como "todos os homens são inimigos" e "todos os homens odeiam as mulheres" juntavam todos os grupos de homens numa mesma categoria, sugerindo assim que eles comungavam equanimemente de todas as formas de privilégios masculinos. Uma das primeiras colocações textuais que tentou fazer da atitude anti-homem uma

postura central do feminismo foi o "Manifesto Redstockings".
A cláusula 3 do manifesto diz:

> Identificamos os agentes de nossa opressão como homens.
> A supremacia masculina é a mais antiga, a mais básica forma
> de dominação. Todas as demais formas de opressão e explora-
> ção (racismo, capitalismo, imperialismo etc.) são extensões da
> supremacia masculina: os homens dominam as mulheres, pou-
> cos homens dominam o restante. Todas as situações de poder
> ao longo da história têm sido dominadas e conduzidas pelos
> homens. Os homens têm controlado todas as instituições polí-
> ticas, econômicas e culturais e garantido esse controle com a
> força física. Eles usaram o poder para manter a mulher numa
> posição inferior. Todos os homens recebem benefícios econô-
> micos, sexuais e psicológicos da supremacia masculina. Todos
> os homens oprimiram mulheres.

Sentimentos de hostilidade em relação aos homens alienaram muitas mulheres pobres e operárias, particularmente as não brancas, do movimento feminista. No entanto, pela própria experiência, elas perceberam que têm mais em comum com homens de seu grupo racial e/ou de classe do que com mulheres brancas burguesas. Elas conhecem o sofrimento e a dureza que as mulheres enfrentam em suas comunidades; também conhecem o sofrimento e a dureza que os homens enfrentam, e se compadecem deles por isso. Elas passaram pela experiência de lutar ao lado deles por uma vida melhor. Isso vale especialmente para as mulheres negras. Ao longo de nossa história nos Estados Unidos, as mulheres negras dividi-ram com os homens responsabilidades iguais em todas as lutas de resistência contra a opressão racista. A despeito do sexismo, a con-tribuição das mulheres para a luta antirracista tem sido contínua e equivalente à dos homens; e frequentemente, antes mesmo dos esforços de libertação racial, os homens negros reconheceram essa contribuição. Existe um elo especial unindo as pessoas que lutam coletivamente pela libertação. Elas conheceram a experiência da solidariedade política. Foi essa experiência de luta compartilhada que fez com que a mulher negra rejeitasse a atitude anti-homem de algumas ativistas feministas. Isso não significa que a mulher negra não estivesse disposta a reconhecer a realidade do sexismo masculino. Isso significa sim que muitas de nós não acreditam que irão combater o sexismo ou o ódio contra a mulher atacando os homens negros ou retribuindo na mesma moeda.

Em geral, as mulheres burguesas brancas não podem compreender os vínculos que se desenvolvem entre mulheres e homens na luta de libertação, pois não tiveram muitas experiências políticas positivas ao lado dos homens. As leis masculinas, brancas e patriarcais, não costumam valorizar a contribuição política feminina. Embora o sexismo prevaleça nas comunidades negras, o papel que as mulheres negras desempenham nas instituições sociais, primordial ou secundário, é reconhecido por todo mundo como significativo e valioso. Numa entrevista com Claudia Tate, a escritora negra Maya Angelou fala como enxerga os diferentes papéis desempenhados por mulheres brancas e negras nas suas comunidades:

> Mulheres negras e mulheres brancas estão em posições estranhas em nossas comunidades separadas. Nos encontros sociais das pessoas negras, as mulheres sempre predominam. Isso significa que na igreja é sempre a Irmã Hudson, a Irmã Thomas, a Irmã Wetheringay que mantêm a igreja viva. Em ambientes sociais laicos, é sempre Lottie que cozinha e Mary que vai para a casa de Bonita quando alguma festa está ocorrendo por lá. Da mesma forma, as mulheres negras alimentam as crianças em nossa comunidade. As mulheres brancas estão numa posição diferente em suas instituições sociais. Os homens brancos, que são seus pais, maridos, irmãos e filhos, sobrinhos e tios, dizem às mulheres brancas, ou deixam implícito: "Eu realmente não preciso que vocês comandem minhas instituições. Eu preciso de vocês em alguns lugares e neles vocês devem ficar – na cama, na cozinha, na enfermaria e no pedestal." As mulheres negras nunca ouviram isso de seus homens.

Sem a contribuição material das mulheres negras como participantes e líderes, muitas instituições dominadas por homens na comunidade negra cessariam de existir; esse não é o caso em todas as comunidades brancas. Muitas mulheres negras se recusaram a participar do movimento feminista por não considerarem a atitude de oposição aos homens uma base sólida para a ação. Elas estavam convencidas de que expressões virulentas desse sentimento de ódio intensificavam o sexismo, potencializando o antagonismo já existente entre homens e mulheres. Por anos a fio, mulheres negras (e homens negros) vinham lutando para superar as tensões e antagonismos entre mulheres e homens negros gerados pelo racismo internalizado (isto é, quando o patriarcado branco sugere que um grupo causou a opressão do outro). As mulheres negras estavam dizendo para os homens negros: "Não somos inimigos uns dos outros"; "Temos de nos opor à educação que nos ensina a odiar a nós mesmos e uns aos outros." Essas afirmações de união entre homens e mulheres negras faziam parte da luta antirracista. Ela poderia ter feito parte da luta feminista, caso as ativistas da libertação tivessem frisado a necessidade de mulheres e homens resistirem à educação sexista que nos ensina a odiar e temer uns aos outros. Mas elas preferiam enfatizar o ódio, especialmente o ódio masculino contra a mulher, sugerindo que isso nunca iria mudar. Desse modo, não poderia haver nenhuma solidariedade política entre homens e mulheres. Mulheres de cor das mais diversas origens étnicas, bem como mulheres engajadas no movimento gay, não apenas vivenciaram a experiência da solidariedade entre homens e mulheres na luta de resistência, como reconheceram seu valor. Elas não estavam dispostas a menosprezar essa união em troca de uma aliança com as mulheres burguesas brancas e avessas aos homens. Encorajar a união política entre homens e mulheres a fim de resistir radicalmente à opressão sexista teria chamado a atenção para o potencial transformador do feminismo. A atitude de oposição aos homens foi uma perspectiva reacionária que fez o feminismo se apresentar como um movimento através do qual a mulher branca poderia usurpar o poder do homem branco, substituindo as regras da supremacia masculina branca pelas regras da supremacia feminina branca.

Dentro das organizações feministas, a questão do separatismo feminino estava a princípio dissociada da atitude de oposição aos homens; foi somente depois que as duas perspectivas se fundiram. Muitos grupos de segregação baseada no sexo, exclusivamente para mulheres, foram formados porque as mulheres perceberam que as organizações separatistas poderiam acelerar o aumento da consciência feminina, lançar as bases para o desenvolvimento da solidariedade entre as mulheres e, de modo geral, fazer avançar o movimento. Acreditava-se que grupos mistos se tornariam reféns da arrogância masculina. O separatismo feminino era visto como uma estratégia necessária, não como um ataque aos homens. E o propósito de tais grupos era integração com igualdade.

As implicações positivas das organizações separatistas arrefeceram quando feministas radicais, a exemplo de Ti-Grace Atkinson, propuseram o separatismo sexual como a meta final do movimento feminista. O separatismo reacionário deita raízes na convicção de que a supremacia branca é um aspecto absoluto de nossa cultura, que as mulheres possuem apenas duas alternativas: aceitá-la ou se retirar, buscando refúgio em alguma subcultura. Essa postura elimina qualquer necessidade de luta revolucionária, e não representa nenhuma ameaça ao *status quo*. No ensaio "Separate to Integrate" (Separar Para Integrar), Barbara Leon frisa que os adeptos da supremacia masculina achariam melhor que o movimento feminista permanecesse "separado e desigual". Ela dá como exemplo o caso da maestrina Antonia Brico, que, ao tentar transformar uma orquestra só de mulheres numa orquestra mista, descobriu que não teria nenhum apoio para isso:

> Os esforços de Antonia Brico eram aceitáveis somente enquanto ela se limitasse a demonstrar que as mulheres eram musicistas

qualificadas. Ela não tinha dificuldade para encontrar cem mulheres que pudessem compor sua orquestra ou para conseguir os recursos financeiros a fim de realizar esse empreendimento. Mas conseguir os recursos financeiros para que homens e mulheres tocassem juntos numa orquestra realmente integrada se mostrou impossível. A integração provou ser uma ameaça maior à supremacia masculina e, por conseguinte, mais difícil de alcançar. O movimento de mulheres está nesse mesmo ponto agora. Podemos escolher o caminho mais fácil de aceitar a segregação, mas isso significará abandonar os próprios objetivos pelos quais o movimento se formou. O separatismo reacionário tem sido um modo de frear o impulso do feminismo.

Ao longo do processo de desenvolvimento do movimento feminista contemporâneo, o separatismo reacionário tem levado muitas mulheres a abandonar a luta feminista, embora ele tenha permanecido uma referência aceitável para organizações feministas, como os grupos de mulheres autônomas dentro do movimento pacifista. Como política, ele ajudou a marginalizar a luta feminista, fazendo-o parecer mais uma solução pessoal para problemas individuais, especialmente problemas com os homens, do que um movimento político que busca transformar a sociedade como um todo. Para recuperar a ênfase no feminismo como luta revolucionária, as mulheres não podem mais permitir que o feminismo seja mais uma arena para a expressão continuada do antagonismo entre os sexos. Chegou a hora de as mulheres engajadas no movimento feminista desenvolverem novas estratégias para incluir os homens na luta contra o sexismo.

Todos os homens apoiam e perpetuam o sexismo e a opressão sexista de uma forma ou de outra. É crucial que as ativistas feministas não percam tempo intensificando a consciência desse fato a tal ponto que deixemos de frisar questões importantes e negligenciadas, como a de que é possível, para os homens, levar uma vida afirmativa e significativa sem explorar e oprimir as mulheres. Como as mulheres, os homens foram educados para aceitar passivamente a ideologia sexista. E se eles não precisam culpar a si mesmos por aceitarem o sexismo, precisam, por outro lado, aceitar que são responsáveis pela sua eliminação. É irritante para as ativistas que fazem do separatismo a meta do movimento feminista ouvir alguém se referir aos homens como vítimas do sexismo; elas não querem recuar da versão de que "todos os homens são inimigos". É verdade que os homens não são explorados ou oprimidos pelo sexismo, mas também existem formas pelas quais eles acabam sofrendo em razão disso. Esse sofrimento não deveria ser ignorado. Embora isso de modo algum diminua a seriedade dos abusos e da opressão masculina contra as mulheres ou negue a responsabilidade masculina pelos atos de exploração, a dor que os homens experimentam pode servir como um catalisador, chamando a atenção para a necessidade de mudança. O reconhecimento das consequências dolorosas do sexismo levou alguns homens a criar grupos voltados à conscientização dessa questão. Paul Hornacek explica o propósito dessas assembleias em seu ensaio "Anti-Sexist Consciousness-Raising Groups of Men" (Grupos Masculinos de Conscientização Antissexista):

> Os homens têm relatado os mais diversos motivos para decidir buscar esses grupos, todos eles relacionados ao movimento feminista. A maioria está passando por algum desconforto emocional em razão de seu papel masculino, e está insatisfeito com isso. Alguns tiveram embates com feministas radicais em encontros públicos ou privados e têm sido constantemente criticados como sexistas. Alguns vêm devido a seu compromisso com a mudança social e o reconhecimento de que o sexismo e o patriarcado são elementos de um sistema social intolerável que precisa ser alterado.

Os homens descritos por Hornacek reconhecem que se beneficiam do patriarcado e, apesar disso, sofrem danos associados a seus privilégios. Os grupos masculinos, assim como os grupos de apoio femininos, correm o risco de focarem demais no aspecto da mudança pessoal em detrimento da luta e da análise políticas.

A ideologia separatista encoraja as mulheres a ignorarem o impacto negativo do sexismo na formação masculina. Ele enfatiza a polarização entre os sexos. De acordo com Joy Justice, as separatistas acreditam que existem "duas perspectivas básicas" no que concerne às vítimas do sexismo: "existe a perspectiva de que os homens oprimem as mulheres. E existe a perspectiva de que pessoas são pessoas e que todos nós somos feridos pela rígida divisão sexual de papéis". Muitas separatistas acreditam que esta última perspectiva é uma cooptação, representando uma recusa por parte da mulher de enfrentar o fato de que os homens são inimigos – elas insistem na primazia da primeira perspectiva. As duas perspectivas descrevem de forma acurada nosso impasse. Os homens realmente oprimem as mulheres. As pessoas são feridas pela rígida divisão sexual dos papéis sociais. Essas duas realidades coexistem. A opressão masculina sobre a mulher não pode ser desculpada pelo fato de que os homens também se ressentem da rígida divisão sexual de papéis. É verdade que as ativistas feministas deveriam reconhecer que isso fere os homens também. Mas isso não apaga ou diminui a responsabilidade dos homens, que apoiam e perpetuam seu poder sob o regime patriarcal, explorando e oprimindo as mulheres de um modo muito mais severo do que qualquer estresse psicológico ou dor emocional causados pela obediência masculina aos rígidos padrões da divisão sexual de papéis.

As mulheres do movimento feminista se recusam a focar nas dores masculinas a fim de não perderem de vista a condição privilegiada dos homens. A retórica feminista separatista sugeria que todos os homens desfrutam igualmente dos mesmos privilégios masculinos, que todos são beneficiários do sexismo. No entanto, homens pobres e operários que foram educados por meio da ideologia sexista para acreditar que existem privilégios e poderes que eles deveriam possuir pelo mero fato de serem homens geralmente descobrem que poucos ou nenhum desses benefícios lhes são concedidos automaticamente em suas vidas. Mais do que qualquer outro grupo masculino nos Estados Unidos, esse grupo se encontra constantemente às voltas com a contradição entre a ideia de masculinidade que lhe foi ensinada e sua inabilidade para se colocar à altura dessa ideia. Esse homem está normalmente "ferido", emocionalmente assustado pelo fato de não possuir os privilégios ou o poder que, segundo a sociedade, o "verdadeiro homem" deveria possuir. Alienado, frustrado, preterido, ele pode atacar, abusar e oprimir uma mulher ou as mulheres em geral, mas não extrai benefícios da ideologia sexista em que acredita e que ajuda a perpetuar. Quando bate numa mulher ou a estupra, não está exercendo privilégios ou obtendo recompensas; ele pode se sentir satisfeito por estar exercendo a única forma de poder que lhe foi concedida. A estrutura de poder da classe masculina dirigente que promove esse tipo de abuso sexista contra mulheres é quem obtém os verdadeiros benefícios e privilégios materiais de tais atos. Na medida em que ele está atacando as mulheres e não o sexismo ou o capitalismo, ele ajuda a manter o sistema que lhe oferece pouco ou nenhum benefício e privilégio. Ele é um inimigo das mulheres. É também um inimigo de si mesmo. Também é oprimido. Que abuse de uma mulher, isso não tem justificativa. Embora tenha sido educado para agir como age, existem movimentos sociais que lhe possibilitariam lutar pelo resgate de sua dignidade e por sua libertação. Ao ignorar esses movimentos, ele opta por permanecer opressor e oprimido. Mas se o movimento feminista ignora seu impasse, faz pouco caso de sua dor, ou o descarta como apenas mais um inimigo masculino, isso mostra, então, que, passivamente, aceitamos seus atos.

O processo pelo qual os homens agem como opressores e são oprimidos é particularmente visível nas comunidades negras, onde os homens são operários e pobres. Em seu ensaio "Notes For Yet Another Paper On Black Feminism, or, Will The Real Enemy Please Stand Up?" (Notas Para um Novo Artigo Sobre o Feminismo Negro ou Será Que o Verdadeiro Inimigo Pode Se

Levantar, Por Favor?), a ativista feminista Barbara Smith sugere que as mulheres negras não estão dispostas a enfrentar o problema da opressão sexista nas comunidades negras:

> Se designássemos a opressão sexista como um problema, então teríamos que identificar como ameaça um grupo que antes havíamos considerado nossos aliados – os homens negros. Isso parece ser uma das maiores barreiras para começarmos a analisar as relações sexuais/as políticas sexuais de nossas vidas. A frase "os homens não são inimigos" dispensa o feminismo e a realidade do patriarcado de uma só vez, ao mesmo tempo que perde de vista algumas realidades importantes. Se não podemos cogitar a ideia de que alguns homens são inimigos, especialmente entre os brancos, mas também entre os negros, embora de um modo diferente, então nunca seremos capazes de compreender as razões pelas quais, por exemplo, somos surradas todos os dias ou por que somos esterilizadas contra nossa vontade, por que somos estupradas por nossos vizinhos, por que ficamos grávidas aos doze anos ou por que estamos em casa recebendo ajuda do governo com mais crianças do que podemos cuidar e criar. Reconhecer o sexismo do homem negro não significa que temos "ódio de homens", nem que necessariamente os eliminamos de nossas vidas. O que isso significa é que temos de lutar por uma nova forma de interação com eles.

As mulheres negras têm relutado em discutir publicamente a opressão sexista, mas sempre souberam que ela existe. Também fomos educadas para aceitar a ideologia sexista, e muitas mulheres acham que o abuso que homens cometem contra as mulheres é um reflexo de sua masculinidade frustrada – esse tipo de pensamento leva a pensar que o abuso é compreensível, até justificável. A grande maioria das mulheres negras acha que apenas dizer publicamente que esses homens são inimigos ou identificá-los como opressores pouco contribuiria para uma mudança. Simplesmente dar nomes a realidades opressivas não fez mudar nada para os grupos oprimidos nem para os mais privilegiados, que conquistam um tipo diferente de atenção. A denúncia pública do sexismo de um modo geral não tem resultado na violência institucionalizada que caracterizou, por exemplo, a resposta à luta pelos direitos civis dos negros. (Já a denúncia privada costuma deparar com violenta opressão.) Se mulheres negras não se filiam ao movimento feminista, não é porque não podem encarar a realidade da opressão sexista; elas a encaram diariamente. Elas não se filiam porque não enxergam na teoria e prática feministas, especialmente naqueles escritos destinados às massas, soluções viáveis.

Até agora, a retórica feminista baseada na ideia de que os homens são inimigos não resultou em muitas implicações positivas. Se as ativistas feministas tivessem chamado a atenção para a relação entre os homens das classes dirigentes e a grande maioria dos homens, aqueles educados para perpetuar e manter o sexismo e a opressão sexista, mesmo quando não colhem nada de afirmativo para suas vidas, esses homens poderiam ter sido motivados a examinar o impacto do sexismo em suas vidas. De um modo geral, as feministas falam sobre o abuso dos homens contra as mulheres como se se tratasse mais de um exercício de privilégios do que de um colapso moral, de insanidade e desumanização. Por exemplo, no ensaio de Barbara Smith, ela vê nos homens brancos "o principal grupo opressor da sociedade americana" e discute a natureza de sua dominação sobre outros. No final da passagem em que essa afirmação aparece, ela diz: "Não é apenas o capitalista rico e poderoso que inibe e destrói vidas. Estupradores, assassinos, linchadores e intolerantes ordinários também o fazem, e exercitam um poder muito violento e real por conta dos privilégios do homem branco." Implícito nessa afirmação está o pressuposto de que o ato de cometer crimes violentos contra as mulheres ou é um gesto ou uma afirmação de privilégios. A ideologia sexista promove uma lavagem cerebral nos homens a fim de que eles acreditem que o abuso violento contra mulheres é algo que os beneficia, embora isso não seja verdadeiro. E as ativistas feministas afirmam essa mesma lógica quando deveríamos constantemente denunciar esses atos como expressão de relações de poder pervertidas, como uma falta de controle sobre as próprias ações, de impotência emocional, irracionalidade extrema, e, em muitos casos, completa insanidade. A internalização passiva da ideologia sexista é o que faz com que esse comportamento deturpado seja interpretado positivamente. Enquanto os homens sofrerem uma lavagem cerebral para equacionar o comportamento abusivo e violento em relação às mulheres com o exercício de privilégios, eles não terão uma compreensão dos danos que causam a si mesmos ou a outros, nem terão, assim, nenhum motivo para mudar.

Indivíduos comprometidos com a revolução feminista precisam buscar formas pelas quais os homens possam desaprender o sexismo. No movimento feminista contemporâneo, as mulheres nunca são encorajadas a exigir dos homens sua cota de responsabilidade. Existe até uma retórica feminista destinada a "desqualificar" as mulheres que se relacionam com homens. A maior parte das ativistas do movimento de libertação das mulheres dizia: "as mulheres passaram muito tempo alimentando, ajudando e apoiando os outros – agora chegou o tempo de cuidarmos de nós mesmas". Por terem sido cúmplices da educação sexista durante séculos, as mulheres não hesitaram em retirar seu apoio aos homens quando a questão da "libertação" entrou em cena. A insistência no individualismo, na primazia do eu, considerado "libertador" pelas feministas, não foi um conceito visionário e radical de liberdade. Mas ele forneceu soluções individuais para as mulheres. Era a mesma ideia de independência perpetuada pelo Estado patriarcal imperialista, em que independência equivalia a narcisismo, e ausência de preocupações equivalia a ser um vencedor às custas de outras pessoas. Desse modo, a afirmação de que "os homens são o inimigo" era basicamente uma inversão da doutrina supremacista masculina, segundo a qual "as mulheres são o inimigo" – a visão de mundo legada pelo mito bíblico de Adão e Eva.

Retrospectivamente fica claro que a ênfase na tese do "homem como inimigo" serviu apenas para desviar a atenção daquilo que deveria ser o foco: a melhoria das relações entre homens e mulheres, o trabalho conjunto de mulheres e homens no combate à educação sexista. As mulheres burguesas engajadas no movimento feminista exploraram a noção de uma polarização natural entre os sexos, e com isso tiraram de foco a luta por direitos iguais. Elas fizeram um enorme esforço para retratar os homens como inimigos e as mulheres como vítimas. Faziam parte de um grupo de mulheres que podiam esquecer seus vínculos com os homens, desde que partilhassem com eles dos mesmos privilégios de classe. Estavam, assim, mais ocupadas em obter igualdade quanto ao exercício desses privilégios de classe do que em combater o sexismo e a opressão sexista. A insistência em se separar dos homens aumentava a sensação de que elas, vivendo sem homens, precisavam de igualdade de oportunidades. A maior parte das mulheres não possui a liberdade para se separar dos homens por conta da interdependência econômica. A ideia separatista de que as mulheres podiam enfrentar o sexismo ao se desligar dos homens refletia uma perspectiva de classe burguesa. No ensaio de Cathy McCandless intitulado "Some Thoughts About Racism, Classism and Separatism" (Alguns Pensamentos Acerca do Racismo, Classismo e Separatismo), ela observa que o separatismo, sob vários aspectos, é improcedente, porque "nessa economia capitalista, nenhum de nós está verdadeiramente separado". No entanto, acrescenta:

> Socialmente, trata-se de um problema totalmente diferente. Em geral, quanto mais rico você é, menos você precisa se dar conta daqueles de quem você depende. O dinheiro pode lhe proporcionar uma boa dose de distância. A partir de um certo ponto, você não precisa sequer olhar para uma pessoa. É um luxo maravilhoso poder decidir quem você irá ver, mas vamos encarar a coisa de perto: a sobrevivência diária de boa parte das mulheres exige delas um permanente contato com homens, gostem ou não disso. Parece-me

que, por esse simples motivo, criticar as mulheres que se associam a homens não é apenas contraproducente, mas uma atitude que beira a culpabilização da vítima. Sobretudo se as mulheres que se colocam como referência são brancas de classe média ou de classe alta (o que geralmente é o caso, segundo minha experiência) e aquelas a quem elas aplicam essa regra não o são.

Subestimar as reais necessidades pelas quais muitas mulheres se relacionam com os homens, assim como não respeitar o desejo das mulheres de estar em contato com homens, gerou um desnecessário conflito de interesse para aquelas mulheres que, embora interessadas no feminismo, se sentem fora de seus padrões politicamente corretos.

Os escritos feministas não disseram o suficiente sobre as formas pelas quais as mulheres podem se engajar na luta feminista em contatos diários sutis com homens, embora tenham dado conta de crises. O feminismo é politicamente relevante para as massas das mulheres que diariamente interagem com os homens, tanto no âmbito público quanto no privado, para se discutir formas mediante as quais essa interação pode ser trabalhada e modificada, de tal modo que neutralize os elementos negativos produzidos pelo sexismo. As mulheres que diariamente estão em contato com os homens precisam de estratégias úteis que lhes permitam trazer o feminismo para dentro de suas vidas cotidianas. Ao tratar de forma inadequada, ou simplesmente ignorar temas espinhosos, o movimento feminista contemporâneo se desloca para a periferia da sociedade, afastando-se de seu centro de modo comprometedor. Muitas mulheres e homens acham que o feminismo é algo que está acontecendo ou aconteceu "em algum lugar por aí". A televisão diz que a mulher "libertada" é uma exceção, que ela é primeiramente uma mulher focada em sua carreira profissional. Muitos comerciais de TV reafirmam que a dedicação à carreira não impedirá a mulher de incorporar o papel estereotipado de objeto sexual que lhe foi atribuído na sociedade da supremacia masculina.

Geralmente, os homens que se declaram a favor da libertação das mulheres o fazem porque acreditam que irão se beneficiar por não terem mais que assumir alguns papéis sexuais rígidos que consideram negativos ou restritivos. O papel que estão mais dispostos a mudar é o de provedor econômico. Comerciais como o descrito acima garantem que as mulheres podem ajudar a pagar as contas, mas ainda assim permitem que os homens as dominem. O ensaio "Men's Liberation" (A Libertação dos Homens), de Carol Hanisch, discute a tentativa por parte desses homens de tirar vantagem das causas femininas, em especial daquelas relacionadas ao trabalho:

> Outra importante questão é sobre os homens que param de trabalhar com a intenção de serem sustentados pela mulher. Os homens não gostam de seus empregos, não gostam da competição e não gostam de ter um patrão. É disso que se trata toda aquela conversa sobre ser um "símbolo de sucesso", um "objeto de sucesso". Bem, as mulheres também não gostam dessas coisas, especialmente porque sua remuneração no trabalho é 40% menor que a dos homens, seu trabalho de modo geral é mais chato e raramente elas são autorizadas a ser "bem-sucedidas". Porém, trabalhar costuma ser o único caminho para que as mulheres conquistem alguma forma de igualdade e poder na família, em sua relação com os homens, alguma independência. Um homem pode parar de trabalhar e continuar a ser o chefe da casa, ganhando uma boa dose de tempo livre, já que o trabalho que realiza não chega nem perto daquele de sua mulher ou de sua amante. Na maioria dos casos, ela continua fazendo mais do que sua cota em casa, além do trabalho próprio de sua condição de esposa e de seu emprego. Em vez de lutar para fazer melhor seu trabalho, para acabar com a competição, e se livrar do patrão, ele manda a mulher trabalhar, o que não é muito diferente da velha prática de pagar um substituto para fazer o serviço ou das características do trabalho de um cafetão. E tudo isso em nome de romper com os velhos "papéis estereotipados" ou coisa do tipo.

Esse tipo de "movimento de libertação dos homens" só podia surgir em reação à libertação das mulheres como uma tentativa de fazer com que o movimento das mulheres sirva aos interesses oportunistas dos homens. Esses homens se veem como vítimas do sexismo em defesa da libertação do homem. Eles enxergaram na rigidez dos papéis sexuais a fonte primordial de sua vitimização e, embora quisessem mudar a ideia de masculinidade, não estavam particularmente preocupados com a exploração e a opressão que exercem contra as mulheres. Narcisismo e autopiedade caracterizam esses grupos de libertação do homem. Hanisch conclui seu ensaio com a seguinte afirmação:

> As mulheres não querem ser fracas e passivas. E não queremos homens fracos e passivos, nem super-homens de fachada, cheios de testosterona, mas desprovidos de todo o resto. O que as mulheres querem é que os homens sejam honestos. As mulheres querem que os homens sejam corajosos, corajosamente honestos, agressivos em suas ambições humanas. Corajosamente apaixonados, sexuais e sensuais. E as mulheres querem isso em função delas. É hora de os homens se tornarem corajosamente radicais. Capazes de mergulhar fundo nas raízes de sua própria exploração e de enxergar que a causa de sua infelicidade não são as mulheres, os "papéis sexuais" ou a "sociedade", mas os capitalistas e o capitalismo. É hora de os homens nomearem e combaterem estes que são seus verdadeiros exploradores.

Homens que ousaram ser honestos a respeito do sexismo e da opressão sexista, que resolveram assumir sua responsabilidade nessa luta, geralmente acabaram se sentindo isolados. Suas políticas são vistas com desdém por homens e mulheres antifeministas, além de muitas vezes serem ignoradas pelas mulheres ativas no movimento feminista. Escrevendo sobre seus esforços para apoiar publicamente o feminismo nos jornais locais de Santa Cruz, Morris Conerly explica:

Ao conversar com um grupo qualquer de homens, o assunto da libertação das mulheres inevitavelmente vem à tona. Seguem-se risos, zombarias, queixas raivosas e denúncias. Existe um consenso de que os homens estão em situação difícil e devem se defender dos assaltos de feministas desvairadas. Como de costume, alguém pede a minha opinião, que é a de que sou 100% a favor da libertação das mulheres. Eles ficam perplexos e então me olham de forma estranha.

Eles ficam pensando, "que tipo de homem é esse?" Sou um negro que entende que as mulheres não são minhas inimigas. Se fosse um branco numa posição de poder, seria compreensível se eu quisesse defender o *status quo*. Mesmo assim, a defesa de uma doutrina moralmente em colapso, que explora e oprime outras pessoas, seria indesculpável.

Conerly frisa que não foi fácil para ele apoiar publicamente o movimento feminista, que isso levou tempo:

Por que isso me levou tempo? Porque eu temia as reações negativas que podiam surgir em decorrência de meu apoio à libertação das mulheres. Na minha mente, podia ouvir de irmãos e irmãs: "Que tipo de homem é você?"; "Quem aqui usa calças, afinal?"; "Por que você se mete nessa merda dos brancos?" E assim por diante. E os ataques vieram como previ, mas nessa época minha crença já era firme o suficiente para suportar a zombaria pública. Não existe crescimento sem dor... e esse clichê certamente se aplicou ao meu caso.

Homens que lutam ativamente contra o sexismo ocupam um lugar importante no movimento feminista. São nossos companheiros. As feministas reconheceram e apoiaram o trabalho de homens que se fazem responsáveis pelo combate à opressão sexista – por exemplo, no seu empenho para acabar com as agressões físicas. Feministas que não veem nenhum valor nessa participação precisam repensar e reexaminar o processo pelo qual a luta revolucionária avançou tanto. Os homens tendem a se envolver com o movimento feminista por conta da dor que as relações com as mulheres provocam neles. Normalmente, é uma mulher, amiga ou companheira, que lhe chama a atenção para os traços sexistas de seu comportamento. Jon Snodgrass introduz o livro que organizou sob o título *For Men Against Sexism: A Book of Readings* (Para Homens em Luta Contra o Sexismo: Uma Antologia), dizendo aos leitores:

> Se alguns aspectos da libertação das mulheres eram mais atraentes aos homens, minha reação era tipicamente masculina. Eu me sentia ameaçado pelo movimento e reagia com raiva e escárnio. Acreditava que homens e mulheres eram oprimidos pelo capitalismo, não que mulheres fossem oprimidas por homens. Argumentava que "os homens também são oprimidos" e que os trabalhadores são os que precisam de libertação! Era incapaz de reconhecer a hierarquia da desigualdade entre homens e mulheres (dentro da classe trabalhadora) e de atribuí-la à dominação masculina. Minha cegueira em relação ao patriarcado, penso agora, era decorrente de meu privilégio masculino. Como representante do gênero masculino, ou ignorava ou combatia a libertação das mulheres.
>
> Minha adesão ao movimento das mulheres só se completou depois e através de um relacionamento pessoal [...] À medida que esse relacionamento se desenvolvia, comecei a receber críticas reiteradas por meu comportamento sexista. De início, respondi, como é normal entre os homens, com raiva e rejeição. Com o tempo, porém, comecei a reconhecer a validade das acusações, e, por fim, percebi que por trás de minha rejeição havia justamente uma postura sexista.

Snodgrass participou de grupos de conscientização e publicou sua antologia em 1977. Por volta do fim dos anos 1970, o interesse nos grupos masculinos antissexistas declinou. No entanto, hoje mais do que nunca os homens apoiam a ideia da igualdade social entre os sexos, e, tal como as mulheres, eles não veem esse apoio como sinônimo de um esforço para acabar com a opressão sexista, de um movimento feminista empenhado em transformar radicalmente a sociedade. Os homens que advogam o feminismo como movimento para acabar com a opressão sexista precisam tornar mais clara e pública sua oposição ao sexismo e à opressão sexista. Enquanto os homens não partilharem responsabilidades iguais na luta pelo fim do sexismo, o movimento feminista continuará refletindo as contradições sexistas que desejamos erradicar.

A ideologia separatista nos encoraja a acreditar que as mulheres podem fazer a revolução feminista sozinhas – mas não podemos. Uma vez que os homens são os principais responsáveis pela preservação do sexismo e da opressão sexista, sua erradicação só será possível se os homens assumirem a tarefa de transformar a consciência masculina e a consciência da sociedade como um todo. Após séculos de luta antirracista, mais do que nunca pessoas de cor estão chamando a atenção para o papel fundamental que as pessoas brancas desempenham na luta antirracista. Isso vale também para a luta contra o sexismo – os homens desempenham um papel primordial nesse jogo. Isso não significa que os homens estejam mais preparados para liderar o movimento feminista; significa que eles deveriam participar da luta de resistência tanto quanto as mulheres. Em particular, os homens têm uma enorme contribuição a dar à luta feminista com a transformação de seus pares. Se os homens mostrassem boa vontade para assumir seu papel na luta feminista, cumprindo as tarefas que se fizessem necessárias, as mulheres, em nome de sua missão revolucionária, deveriam reconhecê-los como companheiros de luta.

6

Mudando as Perspectivas Sobre o Poder

Na sociedade atual, o poder normalmente é equiparado à dominação e ao controle sobre pessoas e coisas. Mulheres ativas no movimento feminista deram respostas ambivalentes à questão do poder. Por um lado, elas frisaram a falta de poder das mulheres, condenando o exercício masculino do poder como dominação, e, por outro, elas levantaram a bandeira do "poder da mulher", reivindicando direitos iguais – proteção igual na arena política, acesso igual à riqueza econômica. Quando a ativista negra Cellestine Ware intitulou seu livro sobre o movimento da libertação das mulheres *Woman Power* (O Poder da Mulher), estava se referindo a uma concepção radicalmente diferente de poder – o exercício do poder para acabar com a dominação, o que ela manteve como um aspecto central do movimento feminista radical: "O feminismo radical, e isso não inclui de modo algum todas as posições dentro do movimento de libertação das mulheres, postula que a dominação de um ser humano por outro é o mal fundamental da sociedade. A dominação nas relações humanas é o alvo de sua luta."

Feministas radicais desafiaram a noção vigente de poder como dominação e tentaram transformar seu significado. No entanto, suas tentativas não foram bem-sucedidas. À medida que o movimento feminista progrediu, as críticas à noção de poder como dominação e controle submergiram depois que as ativistas burguesas começaram a focar na necessidade da mulher de superar seu medo do poder (a implicação disso é que se elas querem igualdade social com os homens, terão de participar de forma igual no exercício de dominação e controle sobre os outros). Perspectivas diferentes sobre o poder dentro do movimento feminista eram o reflexo do viés de classe e das perspectivas políticas de cada pessoa. As mulheres interessadas em reformas orientadas no sentido da igualdade social com os homens buscavam obter maior poder dentro do sistema existente. As mulheres interessadas na mudança revolucionária rotularam o exercício do poder como algo negativo, sem distinguir entre o poder como dominação e controle sobre outros e aquele poder que é criativo e afirmativo diante da vida.

Livros como *Women, Money, and Power* (Mulheres, Dinheiro e Poder), de Phyllis Chesler e Emily Jane Goodman, enfatizam a falta de poder das mulheres e defendem que as mulheres que trabalham devem lutar por poder dentro da estrutura social existente; no entanto, não fica claro se o exercício de poder das mulheres seria menos corrupto e destrutivo do que o dos homens. No epílogo, Chesler e Goodman apontam para as diferentes perspectivas sobre o poder que emergiram no movimento feminista, levantando várias questões interessantes. Elas escrevem:

> Mulheres que ascendem ao poder absoluto dentro da estrutura existente provavelmente irão imitar os homens, e nesse processo se tornam opressoras de outras pessoas, inclusive de outras mulheres. Por exemplo, Margaret Thatcher, agora líder do partido conservador inglês, tomou a decisão de acabar com a distribuição de leite para as crianças em idade escolar.
>
> Ou existe alguma possibilidade de que uma vez no poder as mulheres iriam superar o sistema econômico e social instituído e se tornariam mais humanistas? [...] As mulheres têm sede de poder? Elas realmente resistem às pressões da ambição? Elas não se importam em trabalhar pela sociedade? As mulheres têm melhores, e mais substanciais, valores morais que os homens ou

são tão condicionadas quanto os homens a priorizar objetivos pessoais de curto prazo ou simplesmente carecem de informação? As mulheres não querem alguma forma de controle de seres humanos sobre outros seres humanos? As mulheres resistem a uma promoção no trabalho devido a um entendimento de compromissos morais? As mulheres questionam a justificação moral, caso exista, para esse tipo de controle e poder?

Essas questões não foram respondidas pelas autoras, no entanto, elas levantam várias questões fundamentais que precisam ser consideradas pelas ativistas do movimento feminista, caso elas queiram compreender as relações das mulheres com o poder. Se tivessem sido respondidas, teria ficado claro que, no âmbito da estrutura social existente, é impossível que as mulheres partilhem muito do poder sem comprometer a luta para acabar com a opressão sexista.

Em uma nota sobre as autoras de *Women, Money and Power*, Emily Jane Goodman afirma que "o dilema básico é de que modo as mulheres podem ganhar dinheiro e poder suficientes para literalmente transformar o mundo, sem serem corrompidas, cooptadas e incorporadas justamente àquele sistema de valores que precisa ser mudado". Essa afirmação decorre ou de uma falta de compreensão do processo pelo qual os indivíduos adquirem dinheiro e poder (e o fazem ao abraçar, apoiar e perpetuar a ideologia dominante da cultura) ou de uma recusa ingênua de enfrentar a realidade. As mulheres brancas e burguesas engajadas no movimento feminista apresentam sua luta para obter poder nos termos da estrutura social existente como um pré-requisito necessário para o sucesso da luta feminista. A sugestão de que elas deveriam em primeiro lugar obter dinheiro e poder a fim de trabalhar mais efetivamente pela libertação não tinha como interessar às mulheres pobres e de cor. Mas era muito atraente para homens brancos que só tinham a ganhar com a validação do *status quo* por mulheres feministas.

Muitas participantes do movimento feminista acreditavam sinceramente que as mulheres são diferentes dos homens e exerceriam um outro tipo de poder. Haviam sido educadas para aceitar uma ideologia sexista que afirmava essas diferenças, diferenças cuja primazia fora reafirmada pela ideologia feminista. Em *Women, Money and Power*, as autoras comentam:

> Os valores das mulheres, ou os valores atribuídos às mulheres, são diferentes daqueles que impulsionam a América. Isso pode ser assim devido à política, ignorância, medo ou condicionamento. Quaisquer que sejam os valores que as mulheres têm perseguido – têm sido autorizadas a perseguir –, não são os mesmos dos homens.

Afirmações como essas correspondiam a sentimentos expressos corriqueiramente nos círculos feministas. Elas mistificam a verdadeira natureza da experiência da mulher. As mulheres, apesar dos papéis sociais específicos que lhes são atribuídos com base no sexo, não são educadas dentro de um sistema de valores diferente. É justamente por aceitarem o sistema de valor da cultura que as mulheres absorvem passivamente o sexismo e a disposição para assumir papéis sexuais predeterminados. Embora as mulheres não possuam o poder que normalmente é exercido pelos grupos masculinos dirigentes, elas não desenvolveram um conceito diferente de poder.

Como a maioria dos homens, a maioria das mulheres é ensinada desde a infância a crer que dominar e controlar outras pessoas é a expressão básica de poder. Mesmo que ainda não estejam combatendo e matando em guerras militares, que não tenham a mesma importância que os homens na definição das políticas de governo, as mulheres, junto com a maioria dos homens, acreditam na ideologia dominante da cultura. Se elas assumissem o comando, a sociedade não seria organizada de uma forma diferente da atual. Isso só ocorreria se elas possuíssem um sistema de valor diferente. Que homens e mulheres sintam as coisas de um modo diferente, tal como ilustrado pela discussão recente sobre o "gap de gênero", não constitui um conjunto diferente de valores. A retórica feminista baseada na ideia de que o homem é o inimigo e a mulher a vítima fez com que as mulheres evitassem trabalhar pela criação de um novo sistema de valores. As feministas contribuíram para a mistificação da experiência das mulheres na medida em que acreditaram que, como as mulheres são diferentes dos homens, pensam e agem de forma diferente, concebem o poder de forma diferente, elas também possuiriam um sistema de valores intrinsecamente diferente. Mas a questão não é assim tão simples. Por exemplo, muito tem sido feito da ideia de que as mulheres são nutrizes que afirmam a vida, ao passo que os homens são assassinos, guerreiros que negam a vida. Mas as mulheres desempenham o papel de nutrizes mesmo quando, na condição de mães ou professoras, ensinam as crianças a acreditar que o "poder faz o direito", mesmo quando exercem um domínio e um controle abusivo sobre as crianças, mesmo quando abusam fisicamente das crianças, o que tem ocorrido em escala crescente. Quando contradições como essas são apontadas, a típica resposta pronta das feministas é que nesses casos as mulheres estão cumprindo as ordens dos homens, que elas internalizaram a identidade masculina. Versões estreitas da ideologia feminista tendem a equiparar o desenvolvimento masculino e a perpetuação da política opressiva com a masculinidade; as duas coisas não são sinônimas. Ao transformá-las em sinônimos, as mulheres não precisam encarar o ímpeto de poder nelas mesmas e que se traduz na vontade de dominar e controlar outras pessoas. A responsabilidade por essa vontade pode ser atribuída aos homens. Se as mulheres do movimento feminista tivessem um sistema de valores diferente daquele dos homens, elas não endossariam a dominação e o controle sobre outrem em nenhuma circunstância; elas não comungariam da crença de que "o poder faz o direito".

Se um número mais significativo de mulheres feministas tivesse redefinido de forma ativa o conceito de poder, não teriam, consciente ou inconscientemente, moldado o movimento feminista usando as hierarquias de raça e classe existentes na sociedade. Elas não teriam encorajado as mulheres a emular os homens, o assim chamado "inimigo". No entanto, quando mulheres brancas e burguesas ativas no movimento feminista buscaram modelos relativos à força, autoconfiança, assertividade, capacidade de tomar decisões, elas se espelharam nos grupos dirigentes de homens brancos. Elas poderiam ter procurado pautar seu comportamento pelas mulheres das classes trabalhadoras que possuem essas mesmas qualidades. No seu ensaio "Class Realities: Create a New Power Base" (Realidades de Classe: Criar uma Nova Base de Poder), Karen Kollias encoraja as mulheres burguesas a adotarem como modelo as mulheres da classe trabalhadora:

> As mulheres da classe trabalhadora têm sido obrigadas a empregar todas as suas forças em prol da sobrevivência e, de um modo geral, a assumir responsabilidades pela vida de outras pessoas. Enquanto a maior parte das mulheres ainda possui elementos dessa força dentro de si, muitas simplesmente não tiveram que desenvolvê-las por conta do conforto e da segurança econômica em que vivem.
>
> Uma das principais questões do movimento das mulheres tem sido eliminar a fraqueza das mulheres e substituí-la por confiança e independência. Isso se deve em parte ao fato de que as mulheres da classe média que possuem algum tipo de figura protetora (um marido ou pai bem-sucedidos) se ressentem da falta de controle sobre suas próprias vidas e precisam se adaptar a essa situação. Isso é válido dentro de sua própria situação de classe.
>
> Os modelos de força da classe média são predominantemente os homens, e força aqui significa normalmente poder. As mulheres da classe trabalhadora, especialmente as não brancas, raramente têm a chance de depender de alguém para tomar suas decisões e se manter. O processo de assumir o controle de suas vidas e de influenciar as pessoas à sua volta lhes dá uma grande experiência em termos de tomada de decisão, e isso num sentido bem básico: o da sobrevivência. Essa tomada de decisão se torna parte daquilo que constitui um forte autoconceito acerca de si mesmas [...] Disso se segue, pois, que mulheres com forte autoconceito sobre si mesmas deveriam ser modelos para mulheres que buscam alcançar essa confiança.

Mulheres pobres e operárias não se tornaram modelo para as mulheres brancas e burguesas porque não foram vistas por elas como exercendo as formas de poder valorizadas pela sociedade. Em outras palavras, a força que exercitam não é sinônimo de poder econômico. Seu poder não está de modo algum associado à dominação e ao controle sobre terceiros, e essa é a forma de poder que exerce atração e fascínio sobre muitas mulheres burguesas. Foi essa forma de poder que emergiu nas organizações feministas, chacoalhando e corrompendo o movimento feminista.

Ao perderem a fé na viabilidade de uma revolução feminista, muitas mulheres, outrora comprometidas com o trabalho de eliminação da opressão sexista, passam agora a buscar o máximo de poder e privilégio dentro da estrutura social existente. Agora as feministas sabem que as mulheres também podem vir a exercer poder da mesma forma que os homens quando assumem os espaços sociais e políticos tradicionais. O ativismo feminista chamou a atenção para a necessidade de igualdade social entre os sexos, no entanto grupos dirigentes de homens estão dispostos a endossar essa igualdade de direitos apenas se ficar claro que as mulheres aceitas nas esferas de poder irão trabalhar para defender e manter o *status quo*. Sandra Day O'Connor, designada pelo presidente Ronald Reagan para a Suprema Corte, é um exemplo disso. O'Connor não é solidária com a maior parte das reformas que possibilitariam que as mulheres adquirissem maior controle sobre suas vidas, mas endossa com plena convicção as decisões políticas que contribuem para a manutenção do *status quo*. Sua conquista mostra às mulheres, principalmente às brancas, que, individualmente, as mulheres podem ganhar poder e prestígio dentro da estrutura existente, caso apoiem essa estrutura. Indubitavelmente, a Emenda dos Direitos Iguais seria aprovada se os grupos masculinos dirigentes estivessem convencidos de que as mulheres com perspectivas políticas radicais seriam derrotadas nas eleições e silenciadas pelas mulheres conservadoras – mulheres como O'Connor, que irá exercer o poder ao lado dos homens, ainda que estes continuem a sustentar a supremacia branca, o capitalismo e o patriarcado. Essas mulheres validam o conceito de poder como dominação e controle e o exercem, ao mesmo tempo que garantem aos homens que sua "masculinidade" não será de modo algum diminuída.

Grupos dirigentes masculinos têm conseguido cooptar as reformas feministas, colocando-as a serviço dos interesses do patriarcado supremacista branco e capitalista. Isso tem a ver com o fato de que as feministas aderiram, de maneira ingênua, ao pressuposto de que as mulheres eram naturalmente opostas ao *status quo*, de que possuíam um sistema de valores diferente e exerceriam o poder em benefício do movimento feminista. Por isso, nunca procuraram criar sistemas de valores alternativos que implicassem novos conceitos de poder. É verdade que algumas feministas rejeitaram a ideia de que as mulheres adquirissem poder nos termos da ideologia dominante em nossa cultura, porém, a tendência delas foi demonizar qualquer forma de poder. Essa atitude reacionária não oferecia às mulheres caminhos novos para pensar o poder e apenas reforçava a ideia de que é na dominação e no controle que o poder atinge sua máxima expressão. Ao mesmo tempo, outras feministas tentaram redefinir o poder de modo positivo com novas estratégias organizacionais: tarefas rotativas, consenso, ênfase na democracia interna.

Nancy Hartsock, em "Political Change: Two Perspectives on Power" (Mudança Política: Duas Perspectivas de Poder), descreve a frustração que emergiu no movimento feminista quando as mulheres tentaram reformular o conceito de poder. No seu ensaio, ela enfatiza as visões sobre poder que são criativas e afirmam a vida, definições que equiparam o poder à capacidade de agir, a força e habilidade, a ações que geram a sensação de tarefa cumprida. Ela comenta:

> Significativamente, essas visões sobre o poder não requerem a dominação de terceiros; a energia e o cumprimento de tarefas

são compreendidos como autogratificantes. Esse tipo de poder está muito mais perto daquilo que o movimento das mulheres tem perseguido...

Uma das fontes de dificuldade que o movimento das mulheres tem enfrentado em termos de liderança, força e conquista vem de nossa falta de clareza a respeito da diferença entre os dois conceitos de poder. É ilustrativo o modo como duas mulheres de cidades diferentes colocaram alguns problemas a partir de uma carta de renúncia ao movimento das mulheres. Elas se queixam de terem sido "rotuladas como oportunistas, mercenárias impiedosas, que buscam fazer fama e fortuna passando por cima do cadáver de suas irmãs altruístas". A carta argumenta que a capacidade de liderança não deveria ser confundida com o desejo de ser líder, e que, de modo semelhante, as aquisições ou a produtividade não deveriam ser confundidas com o desejo de ser líder (isto é, de dominar outras pessoas). Essas afirmações indicam que as mulheres não reconheceram que o poder, entendido como energia, força e interação efetiva, não precisa ser idêntico ao poder enquanto dominação de integrantes do movimento.

Esse ensaio apareceu no periódico feminista *Quest*, no verão de 1974. Foi publicado numa época em que as mulheres ativas no movimento feminista estavam coletivamente mais inclinadas a questionar e criticar os conceitos de poder do que estão hoje. Potencialmente, a luta feminista contra o poder nas relações cotidianas, em razão do que todas as formas de poder passaram a ser questionadas, era uma luta radical. Enquanto diferentes conceitos de poder são discutidos com mais frequência nessa época, é o exercício de poder como dominação e controle que prevalece, que é visto como a forma mais relevante de poder. Isso ocorre nos círculos feministas.

A luta pelo poder (o direito de dominar e controlar pessoas) compromete irremediavelmente o movimento feminista e pode até acelerar sua derrocada. A ideia de um poder próprio da mulher arraigado no exercício do poder para acabar com a dominação é mais comumente discutida num contexto sentimental em que a imagem da mulher é louvada como nutriz a serviço da vida. Na maioria dos contextos feministas, o que prevalece é a obtenção de poder por parte da mulher nos termos postos pela sociedade. Esse tipo de abordagem ao problema da libertação é criticado por Grace Lee Boggs e James Boggs em seu livro *Revolution and Evolution in the Twentieth Century*:

> O movimento dos trabalhadores dos anos 1930 e todos os movimentos dos anos 1950 e 1960, o movimento dos negros, o movimento da juventude e o movimento das mulheres começaram com uma luta por interesses particulares de grupo, mas extraíram sua importância do fato de que seus interesses coincidiam com os da sociedade como um todo [...] No fim das contas, cada grupo se voltou apenas para os seus próprios interesses. Ainda que cada um fale do "poder do negro", "poder da mulher", "poder do trabalhador", em última análise estão todos falando apenas da separação dos poderes ou de "uma fração de ação". Nenhum deles está falando do poder real, que envolve a reconstrução da sociedade como um todo em benefício da grande maioria e do avanço da humanidade.

Antes de trabalhar para reconstruir a sociedade, as mulheres precisam rejeitar a noção de que a conquista de poder na estrutura social existente necessariamente fará avançar a luta feminista para acabar com a opressão sexista. Esse ganho pode até propiciar a um número considerável de mulheres a conquista de maiores privilégios materiais, controle sobre seu destino e sobre o destino de outras pessoas, objetivos que são seguramente importantes. Mas não irá acabar com a dominação masculina enquanto sistema. A percepção de que as mulheres precisam conquistar poder antes de resistirem efetivamente ao sexismo está enraizada na falsa suposição de que as mulheres não possuem nenhum poder. As mulheres, mesmo as mais oprimidas entre nós, na verdade exercitam alguma forma de poder. Esse poder pode ser usado para fazer avançar a luta feminista. As formas de poder exercidas por grupos explorados e oprimidos são descritas por Elizabeth Janeway em seu importante livro *Powers of the Weak* (Os Poderes dos Fracos). Uma das formas mais importantes de poder exercida pelos fracos é "não aceitar que os poderosos os definam antecipadamente". Janeway chama isso de "o uso ordenado do poder de descrer". Ela explica:

> É verdade que a pessoa pode não ter uma definição coerente de si mesma para contestar o *status* que lhe é atribuído pela mitologia social estabelecida, e isso não é necessário para os contestadores. Ao descrer, a pessoa é levada a duvidar dos códigos de comportamento prescritos, e por meio de sua ação ela pode se desviar das normas, na medida em que fica claro que não existe apenas uma forma de encarar ou compreender os eventos.

As mulheres precisam saber que podem rejeitar as definições sobre a realidade em que vivem oferecidas pelos poderosos, que podem fazê-lo mesmo sendo pobres, exploradas ou vivendo em circunstâncias opressivas. Precisam saber que o exercício desse poder pessoal básico é um ato de resistência e de força. Muitas mulheres pobres e exploradas, sobretudo as de cor, não teriam sido capazes de desenvolver conceitos positivos sobre si mesmas se não tivessem exercido o poder de rejeitar as definições sobre a sua realidade oferecidas pelos poderosos.

Muitas ideias feministas refletem a aceitação por parte das mulheres do conceito de feminilidade formulado pelos poderosos. Embora não se possa dizer que as mulheres que organizavam o movimento feminista e dele participavam fossem passivas, pusilânimes ou incapazes de tomar decisão, elas perpetuaram a ideia de que essas características eram tipicamente femininas, postura que reforçava a interpretação supremacista masculina sobre a realidade da mulher. Elas não faziam distinção entre o papel passivo que muitas mulheres assumem na relação com seus colegas e/ou figuras de autoridade masculinas, e o papel assertivo e inclusive dominador que assumem nas relações umas com as outras, com crianças ou indivíduos do sexo masculino ou feminino que possuam um *status* social inferior, a quem enxerguem como inferiores. Esse é apenas um exemplo do modo como as ativistas feministas não romperam com a visão simplista sobre a realidade da mulher, tal como formulada pelos homens detentores de poder. Se elas tivessem exercitado o poder de descrer, teriam insistido em apontar a natureza complexa da experiência da mulher, em desconstruir a noção de que as mulheres são necessariamente passivas ou pusilânimes.

Por se absterem de exercitar o poder de descrer, as mulheres encontraram dificuldade para rejeitar as noções prevalentes de poder e descortinar, assim, novas perspectivas. Se as ativistas feministas exortam as mulheres a trabalhar, a fim de que conquistem poder econômico e social, não oferecem orientação e bons conselhos para o exercício desse poder. As mulheres não foram advertidas sobre o fato de que esse poder recém-conquistado só traria avanços para o movimento feminista se fosse conscientemente usado em conformidade com esse propósito. Elas foram relutantes em admitir – e algumas de modo bastante reativo – que adquirir tal poder na forma da riqueza significava apoiar a exploração e a opressão de mulheres e homens sem as mesmas oportunidades, que raramente ele é usado para empoderar esses grupos desfavorecidos. Vivian Gornick toca nesse ponto em seu ensaio "The Price of Paying Your Own Way" (O Preço de Ser Autossuficiente), distinguindo entre a autossuficiência econômica que pode ser obtida pelas mulheres e a acumulação de riqueza:

> Nessa sociedade não há como alguém ganhar muito dinheiro sem explorar outras pessoas. Se eu soubesse como fazer isso, o capitalismo e a sociedade de consumo estariam com seus dias contados; isso produz apenas ambição e injustiça. Gostaria de conhecer um mundo em que prazeres e necessidades materiais fossem mantidos num grau mínimo [...] A ideia de que o dinheiro traz poder e independência é uma ilusão. O que o dinheiro normalmente traz é a necessidade de fazer mais dinheiro.

Algumas ativistas do movimento de libertação das mulheres encorajaram as mulheres a acreditar que conquistar sucesso, dinheiro e poder (especialmente em esferas dominadas historicamente por homens) faria com que o movimento feminista avançasse. Essas mulheres precisam saber que seu sucesso tem pouco impacto sobre o *status* social das mulheres coletivamente, e não atenua a severidade da opressão sexista nem elimina a dominação masculina. Seu individualismo se mostra perigosamente narcisista quando promove a ideia de que o sucesso pessoal e o movimento político radical são a mesma coisa. Conquistas individuais impulsionam o movimento feminista quando servem ao interesse coletivo da luta feminista, ao mesmo tempo que satisfazem aspirações individuais.

Na medida em que os Estados Unidos são uma sociedade imperialista, capitalista e patriarcal, não é possível que a ampla maioria das mulheres ingresse nas fileiras dos poderosos. O movimento feminista não poderá avançar se as mulheres, que nunca estarão entre aqueles que comandam e exercem dominação e controle, forem encorajadas a focar nessas formas de poder e a enxergar a si mesmas como vítimas. As formas de poder que essas mulheres deveriam exercer são aquelas que lhes permitem resistir à exploração e à opressão, bem com libertá-las para que trabalhem na transformação da sociedade, de tal modo que a estrutura econômica e política do futuro possa beneficiar as mulheres e os homens igualmente. As ativistas feministas precisam enfatizar as formas de poder que essas mulheres exercem e mostrar maneiras de usá-las em seu benefício. Uma forma de poder que as mulheres exercem na esfera econômica é a do consumo. Boicotes têm sido usados como uma estratégia bem-sucedida em termos educacionais, se não econômicos. Se as mulheres de todas as partes dos Estados Unidos desligassem seus aparelhos de tevê por um longo período e não comprassem outros produtos senão os estritamente necessários, fazendo isso em protesto (por exemplo, em oposição à crescente representação da violência contra a mulher na tevê), essas ações teriam consequências econômicas e políticas relevantes. Contudo, como as mulheres não estão totalmente organizadas e são diariamente manipuladas pelos grupos masculinos dirigentes que lucram com o sexismo e o consumismo feminino, ainda não conseguimos exercer esse poder. As mulheres, em grande parte, não se dão conta das formas de poder a elas disponíveis. Precisam de educação política para perceber que são capazes de exercer algum tipo de poder.

Até agora, as escritoras feministas preocupadas em enfatizar a falta de poder econômico por parte das mulheres não perceberam a importância delas como consumidoras. Phyllis Chesler acha que as mulheres são impotentes como consumidoras:

> Presume-se que comprar coisas seja um domínio próprio das mulheres. Realmente as mulheres compram diariamente artigos de necessidade básica e de luxo, mas são itens "pequenos" em termos de preço, importância, impacto sobre os processos decisórios e a economia em geral. A maior parte dos homens controla ou pelo menos partilha a compra dos "grandes" itens domésticos e dos itens ainda "maiores" da indústria e do governo. O poder do consumidor é real – quando os consumidores são organizados, informados e poderosos o suficiente para requerer os itens maiores, como as ogivas nucleares. O poder do consumidor é apenas um mito quando consumidores como donas de casa e mães não se organizam, não se informam e requerem apenas "pequenos" itens.

Se as mulheres não compram ogivas nucleares, a maior parte dos homens tampouco. Contrariamente à suposição de Chesler de que a aquisição de pequenos itens é insignificante, os lucros provenientes da venda de moda feminina tornaram esse ramo uma das indústrias mais importantes da economia. A aquisição infinita de pequenos itens pode levar a um enorme lucro e poder econômico. Na condição de consumidoras, as mulheres possuem poder, e, uma vez organizadas, seriam capazes de usar esse poder para melhorar o *status* social da mulher.

O movimento feminista teria tido – e um dia poderá ter – um grande apelo sobre a massa das mulheres se, além de chamar a atenção para a discriminação, a opressão e a exploração sexista, também focasse no poder que as mulheres exercem. A ideologia feminista não deveria encorajar as mulheres a se verem como impotentes (isso é o que o sexismo tem feito). Deveria esclarecer as mulheres a respeito do poder que elas exercem diariamente, mostrando-lhes as formas pelas quais esse poder pode ser usado como arma contra a exploração e a opressão sexista. O sexismo nunca retirou o poder das mulheres. Nem suprimiu sua força ou a explorou. Reconhecer essa força, esse poder, é um passo que as mulheres podem dar juntas no sentido de sua libertação.

**Nossa ênfase precisa ser uma
transformação cultural:
destruir o dualismo, erradicar
os sistemas de dominação.
Nossa luta será gradual e prolongada.**

7

Repensando a Natureza do Trabalho

Em muitos escritos feministas, a atitude em relação ao trabalho reflete o viés de classe burguês. As mulheres de classe média que moldaram o pensamento feminista deram como certo que a maior parte dos problemas sofridos pelas mulheres decorria da sua necessidade de sair de casa e trabalhar – de deixar de ser "apenas" uma dona de casa. Esse era um aspecto decisivo do livro seminal de Betty Friedan, *The Feminine Mystique*. Trabalhar fora de casa, segundo as ativistas feministas, era a chave da libertação. O trabalho, diziam elas, permitiria que as mulheres quebrassem as cadeias da dependência econômica dos homens, defendendo-as, com isso, da dominação sexista. Quando essas mulheres falavam de trabalho, elas estavam se referindo a carreiras bem-remuneradas, não aos empregos de baixa remuneração, os chamados trabalhos "subalternos". Elas estavam tão mergulhadas em sua própria experiência que até ignoraram o fato de que a vasta maioria das mulheres (inclusive na época em que *Feminine Mystique* foi lançado) já estava trabalhando fora de casa, em empregos que não só não as libertavam da dependência dos homens, como não lhes garantiam a autossuficiência econômica. Benjamin Barber toca nesse ponto em sua crítica ao movimento das mulheres, *Liberating Feminism* (O Feminismo Libertador):

Para as mulheres que buscam fugir do lazer, é evidente que o trabalho não tem o mesmo significado que tem para a grande maioria das pessoas ao longo de boa parte da história. Para poucos homens de sorte, para um número ainda menor de mulheres, o trabalho tem sido uma fonte de sentido e criatividade. Porém, para a maior parte das pessoas, continua sendo um serviço estafante em frente a um arado, máquinas, palavras ou números, empurrando produtos, empurrando alavancas, empurrando papéis, ou seja, dando duro para assegurar a existência material.

Críticas como a de Barber não levaram, na época, as pensadoras feministas a reexaminar suas perspectivas sobre a mulher e o trabalho. Embora a ideia de trabalho como forma de libertação fosse pouco relevante para mulheres exploradas e mal remuneradas, ela forneceu uma motivação ideológica para que as mulheres brancas com ensino superior ingressassem ou reingressassem na força de trabalho. No caso das mulheres brancas sem ensino superior, outrora conformadas ao espaço doméstico, o estímulo foi no sentido de tolerar empregos de baixa remuneração, antes de tudo para melhorar a renda familiar e romper o isolamento pessoal. Assim, elas podiam se sentir exercendo uma nova liberdade. Em muitos casos, estavam lutando para se manter dentro dos padrões de vida de classe média que já não podiam ser sustentados apenas com a renda do marido. Caroline Bird explica a motivação oculta por trás do ingresso das mulheres na força de trabalho em *The Two-Paycheck*:

> Comprometidas profissionalmente ou não com o trabalho, as esposas não pensavam em si mesmas no contexto da história econômica. Não faziam ideia de que estavam criando uma revolução e nem tinham essa intenção. Muitas delas se puseram a trabalhar a fim de "dar uma ajuda" em casa, para aliviar a situação financeira da família, comprando roupas para as crianças ou dando conta das despesas crescentes com escola. Elas queriam avidamente um trabalho de meio expediente, que não

"interferisse" na rotina familiar. Em vez de manter as mulheres em casa, as crianças dos anos 1970 foram um gasto que impeliu as mulheres a economizar, uma vez que as esposas com filhos eram mais propensas a fazer economia do que as outras mulheres em geral.

Embora muitas dessas mulheres nunca tenham participado do movimento feminista, elas se viam como desafiando os velhos e ultrapassados tabus sobre o lugar da mulher. A velha ideia perpetuada pelas feministas de que "o trabalho liberta as mulheres" alienou muitas mulheres pobres e operárias, especialmente as de cor, do movimento feminista. E isso por uma série de razões. Campanhas como a dos "salários para o trabalho doméstico", cujas organizadoras desafiavam simultaneamente as definições sexistas de trabalho e a estrutura econômica do capitalismo, não foram bem-sucedidas em radicalizar a visão do público sobre as definições feministas de trabalho. Barber estava correto ao observar que essas mulheres geralmente perdiam a vontade de trabalhar porque o trabalho que realizavam não as libertava:

> Para muitas estadunidenses mais pobres, libertação significa a liberdade de uma mãe para finalmente deixar de trabalhar, para viver uma vida, por assim dizer, de capitalismo do lar. Claro que, para ela, trabalhar significa esfregar o chão, lavar banheiros ou pregar botões em jalecos baratos, e tem mais a ver com autopreservação do que com autorrealização. É verdade que até o trabalho mais subalterno pode ser visto como uma fuga do dilema do lazer apontado anteriormente, mas isso não quer dizer que ocorra sempre. Ser capaz de trabalhar e ter de trabalhar são duas coisas bem diferentes.

Enquanto trabalhadoras, as mulheres pobres sabiam por experiência própria que o trabalho nem libertava nem trazia realização pessoal, mas antes, na maior parte dos casos, explorava e desumanizava. Desconfiavam da tese propalada pelas feministas burguesas de que as mulheres seriam libertadas por meio do trabalho; e também se sentiam ameaçadas, pois sabiam que não seriam criados novos empregos para aquela massa de mulheres brancas ávidas para ingressar na força de trabalho; temiam, pois, que elas e os homens de sua classe perdessem seus empregos. Benjamin Barber concordava com elas:

> Quando uma grande leva de mulheres relativamente instruídas ingressa num mercado de trabalho rígido em que uma quantidade importante de trabalhadoras de baixa qualificação já está desempregada, isso significa que esses novos empregos serão preenchidos em detrimento de quem está na base. Homens jovens não brancos, com idades entre 16 e 30 anos, que já compõem uma boa parte dos desempregados, terão mais dificuldade do que nunca para conseguir um emprego. Nesse ponto, a necessidade de estabelecer prioridades baseadas em algumas medidas objetivas de sofrimento, opressão e injustiça torna-se fundamental, e o custo real da insistência feminista no termo "opressão" se torna visível. O sexismo coexiste com o racismo e a exploração econômica e não no lugar deles. As ativistas da libertação das mulheres não podem esperar que os pobres achem bonito o que parece ser uma campanha liderada pela classe média para roubar deles as poucas vagas de emprego que lhes restam.

Mulheres e homens negros foram os primeiros a expressar o temor de que o ingresso de mulheres brancas casadas no mercado de trabalho significasse menos contratações de pessoas negras qualificadas, haja vista o empenho da supremacia branca para afastar e excluir os não brancos de certos empregos. Ao reunir as mulheres brancas de todas as classes com pessoas não brancas em programas de ações afirmativas, institucionalizou-se um sistema permitindo que empregadores continuassem a discriminar pessoas não brancas e ajudando a manter a supremacia dessa classe pela contratação de mulheres brancas. Os empregadores podiam satisfazer as diretrizes das ações afirmativas sem contratar nenhuma pessoa não branca.

Na época em que eu estudava para concluir meu doutorado em inglês, ouvia amiúde de meus professores e colegas brancos que eu seria a primeira a conseguir um emprego, que o fato de ser negra me ajudaria nisso. Isso me intrigava, porque a maior parte das vagas disponíveis às ações afirmativas durante meus anos de estudo era ocupada por mulheres brancas. Quando uma pessoa negra (não branca, em geral) era contratada, pressupunha-se que nenhuma outra pessoa de cor seria outra vez cogitada para a vaga – o que não se aplicava às mulheres brancas. Infelizmente, o ativismo feminista que argumentava que as mulheres brancas eram uma minoria ajudou a criar uma situação em que empregos criados a princípio para mulheres não brancas qualificadas podiam depois ser oferecidos a mulheres brancas, e por isso muitas pessoas de cor sentiram que o movimento feminista representava uma ameaça à sua luta de libertação. Se essas ativistas brancas tivessem exigido que duas categorias fossem estabelecidas nos programas de ações afirmativas – uma para mulheres e outra para os grupos étnicos oprimidos em busca de equidade de emprego –, não teria havido essa impressão de que as defensoras das mulheres brancas promoviam sua causa à custa dos homens e das mulheres não brancas.

Enfatizar o trabalho como chave da libertação das mulheres fez com que muitas feministas brancas engajadas sugerissem que as mulheres que trabalhavam estavam "já libertadas". Na verdade, estavam dizendo para a maioria das mulheres empregadas que "o movimento feminista não é para vocês". Ao formular a ideologia feminista desse modo, como se ela fosse irrelevante para as mulheres que trabalham, as mulheres brancas e burguesas na verdade estavam excluindo essas outras mulheres do movimento. Com isso, elas puderam moldar o movimento feminista de forma a fazê-lo servir aos interesses de sua classe, sem ter de confrontar o impacto, positivo ou negativo, que as reformas feministas propostas teriam sobre a classe trabalhadora feminina. Seguindo os passos das mulheres brancas, muitas mulheres negras mencionaram o fato de sempre terem trabalhado fora de casa como prova de que já haviam se libertado e não precisavam do movimento feminista. Mas elas deveriam ter desafiado a ideia de que qualquer trabalho pode libertar as mulheres e exigido que o movimento feminista focasse nas questões que dizem respeito às mulheres inseridas no mercado de trabalho.

Se melhorar as condições do ambiente de trabalho das mulheres tivesse feito parte da agenda feminista em conjunto com os esforços para obter melhores salários para elas e conseguir empregos para as mulheres desempregadas de todas as classes, o feminismo teria sido visto como um movimento voltado às questões que dizem respeito a todas as mulheres. O foco feminista na carreira, em profissões de altos salários para as mulheres, não apenas alienou a massa das mulheres do movimento feminista, como também permitiu que as ativistas feministas ignorassem o fato de que o ingresso cada vez maior de mulheres burguesas na força de trabalho não era o sinal de que as mulheres como um todo estavam adquirindo poder econômico. Se tivessem examinado a situação das mulheres pobres e operárias, teriam se dado conta do problema crescente do desemprego e do empobrecimento de mulheres de todas as classes.

Agora que muitas mulheres brancas e de classe média se divorciam e passam a engrossar as fileiras da pobreza e da classe trabalhadora feminina, as ativistas feministas começaram a falar sobre a "feminização da pobreza" e estão chamando a atenção para a dificuldade da situação econômica da mulher nos Estados Unidos. Barbara Ehrenreich e Karin Stallard escreveram um ensaio intitulado "The Nouveau Poor" (Os Novos Pobres), chamando a atenção para o número cada vez maior de mulheres brancas e de classe média que se empobrece e enfatizando os anos de 1967 a 1978, período que muitos achavam que havia sido de prosperidade econômica para as mulheres, mas que na verdade foi marcado pelo aumento do empobrecimento feminino, independentemente da classe social de origem:

Essa terrível notícia desmente a imagem dos anos 1970 como a "década da libertação" da mulher. Para algumas mulheres, o foi, certamente. Mulheres jovens, estudadas e empreendedoras abriram caminho em carreiras outrora fechadas para elas, como medicina, advocacia, ensino acadêmico e administração. Na mídia, o velho ideal feminino da esposa suburbana com dois ou três filhos e um carro na garagem foi suplantado pela mulher que rapidamente atinge sucesso profissional, trajando terninho e pasta de executivo. As "âncoras femininas" de TV se tornaram tão familiares quanto as notícias do dia, ser presidente de uma empresa agora não é mais exclusividade dos homens, de modo que às vezes parecia que a única coisa que ainda retardava os passos das mulheres era um suprimento deficitário de "assertividade". No entanto, por detrás dessa imagem forte, as mulheres como um todo – jovens, velhas, negras, brancas – estavam perdendo o chão, e aquelas com a dupla desvantagem de serem negras e hispânicas eram as que sofriam as maiores perdas.

Infelizmente, não é nenhum acidente que apenas recentemente as mulheres brancas tenham começado a focar nessas perdas. O classismo e o racismo moldaram as perspectivas das mulheres de tal modo que as brancas e burguesas não viram a necessidade de chamar a atenção para essas perdas, ainda que elas, pessoalmente, não estivessem entre aquelas com probabilidade de serem atingidas. Ao mesmo tempo, boa parte da atenção recentemente dada à questão da mulher e da pobreza (entre as feministas e por parte da direita) implica que de algum modo ela é mais trágica, mais preocupante, demandando maiores esforços de mudança, uma vez que um número crescente de mulheres brancas e de classe média está correndo o risco de algum dia entrar para o grupo dos pobres. Essa forma de abordar a questão da mulher e da pobreza privilegia a dificuldade de um grupo específico de mulheres. Ela encoraja as mulheres a examinar o impacto do desemprego, do divórcio etc. sobre mulheres brancas e burguesas, em vez de nos forçar a examinar a situação econômica da mulher em geral. Se as ativistas feministas tivessem examinado o quadro com um todo, não teriam se espantado com o fato de que as mulheres em geral não estão se fortalecendo economicamente, mas antes caminhando para uma situação cada vez mais difícil e vulnerável. Ademais, essa situação poderia ter sido diagnosticada muito antes.

Atacar a pobreza de forma adequada poderia se tornar uma das chaves para que as mulheres de diferentes grupos étnicos e proveniência cultural se unissem numa mesma perspectiva. Ehrenreich e Stallard assinalam: "A feminização da pobreza, ou, em outros termos, o empobrecimento das mulheres, é provavelmente o desafio mais crucial do feminismo atual."

Acabar com a exploração econômica das mulheres poderia se tornar o ponto da agenda feminista que atenderia ao interesse da massa das mulheres, demolindo com isso as barreiras que separam o pequeno grupo de mulheres que participam ativamente das organizações feministas daquela grande maioria de mulheres que estão fora dessas organizações. Isso poderia transformar o movimento feminista de tal modo que ele não mais servisse aos interesses de classe de um grupo específico. Um esforço coletivo de discutir o problema da exploração econômica das mulheres acabaria tocando numa série de questões. Algumas delas podem estar divisando caminhos pelos quais as condições de trabalho dentro do sistema atual possam ser melhoradas, embora isso não vá mudar radicalmente a lógica do patriarcado capitalista. Esse último ponto é crucial. É o ponto em que Ehrenreich e Stallard evitam tocar. Enquanto dedicam vários parágrafos à exposição do problema, se limitam a apenas um parágrafo para falar sobre uma possível solução:

> Precisamos de um programa econômico feminista, e isso não é algo simples. Um programa econômico que mire nas necessidades das mulheres terá de enfrentar algumas das mais arraigadas injustiças de uma economia dominada pelos negócios e de uma sociedade dominada pelos homens. Nomeá-lo nos levará a transpor o limite do consenso familiar pautado nas demandas por

direitos iguais, nos encaminhando para novas questões, novos programas e talvez novas perspectivas. Os avanços coletivos e os debates progressistas, quaisquer que sejam, estão defasados; a feminização da pobreza demanda uma visão feminista de uma sociedade justa e democrática.

Ehrenreich e Stallard sugerem que as mulheres deveriam trabalhar para descortinar novos programas econômicos, mas evitam criticar explicitamente o capitalismo. É preciso admitir que se trata de um sistema que depende da exploração da classe baixa para sobreviver. É preciso admitir que, dentro desse sistema, a maior parte das mulheres é e será vítima da opressão de classe.

A maior parte das mulheres ativas no movimento feminista não possui perspectivas políticas radicais e não está disposta a encarar tais fatos da realidade, especialmente quando, individualmente, conquistam autossuficiência econômica dentro da estrutura existente. Elas relutam em reconhecer que apoiar o patriarcado capitalista e até mesmo um sistema capitalista não sexista não iria acabar com a exploração econômica daqueles grupos situados na classe baixa. Essas mulheres temem perder seus privilégios materiais. À medida que as mulheres brancas e de classe média continuarem perdendo seu *status* e ingressando no grupo dos pobres, elas passarão a sentir a necessidade de criticar o capitalismo. Uma das mulheres descritas por Ehrenreich e Stallard reconhece que "é nos tempos difíceis que as pessoas ficam mais propensas a enxergar a realidade".

À medida que um número cada vez maior de mulheres sofre com a bancarrota do sistema econômico atual, maior se torna a exigência de lutarmos por novos programas econômicos e, ao mesmo tempo, tentarmos aliviar as dificuldades econômicas das mulheres de hoje por meio de reformas robustas. Medidas como redução da jornada de trabalho semanal para criar mais empregos deveriam ser apoiadas. As mulheres deveriam apoiar os esforços dos casais para dividir uma vaga bem-remunerada. As mulheres deveriam se esforçar para acabar com o "salário familiar" que os homens recebem. As mulheres deveriam apoiar as políticas de bem-estar social e exigir reformas nessa direção. Num nível muito elementar, as mulheres precisam aprender a administrar melhor o dinheiro que ganham. Elas precisam de ajuda para vencer o vício do consumismo compulsivo. Grupos de mulheres de uma categoria profissional específica precisam se organizar coletivamente para demandar melhores condições de trabalho. Geralmente, condições precárias de trabalho fazem com que os empregos de baixa remuneração das mulheres se tornem insalubres, desnecessariamente desumanizantes, estressantes e depressivos. Mulheres que realizam atividades de serviço e não sabem como lidar com determinados problemas relacionados ao emprego precisam de um lugar em que possam receber orientação e conselhos. A lista de possíveis reformas e programas progressistas é infinita. Embora algumas dessas questões estejam sendo discutidas, poderiam receber ainda mais apoio. Quando as mulheres perceberem que suas preocupações econômicas estão no centro da agenda do movimento feminista, se sentirão mais inclinadas a examinar a ideologia feminista.

As mulheres são economicamente exploradas no trabalho, mas também são exploradas psicologicamente. São educadas pela ideologia sexista a desvalorizar a contribuição de sua força de trabalho. Através do consumismo, são ensinadas a acreditar que o trabalho só é importante por conta da necessidade material, não como uma forma de contribuir para a sociedade, como exercício da criatividade, ou para experimentar a satisfação de desempenhar tarefas que beneficiem a si e aos demais. O empenho feminista por repensar a natureza do trabalho ajudaria as mulheres que trabalham a se impor perante a exploração psicológica, mesmo que isso não modificasse a situação econômica. Atribuindo valor aos diversos trabalhos realizados pelas mulheres, remunerados ou não, as ativistas feministas estariam fornecendo conceitos e definições alternativas para que as mulheres pensassem a si mesmas.

Com muita frequência, dentro do movimento feminista, o foco em certas carreiras e profissões levou as mulheres a agir como se qualquer outro trabalho, principalmente os de baixa remuneração, não tivesse nenhum valor. Desse modo, a atitude feminista em relação ao trabalho da grande massa de mulheres é um reflexo da atitude dos homens.

Muitas mulheres realizam atividades de serviço no mercado de trabalho, sendo mal remuneradas ou não tendo nenhum tipo de remuneração (como no trabalho doméstico). O trabalho doméstico e outros tipos de atividades de serviço são especialmente desvalorizados no capitalismo patriarcal. As ativistas feministas que defendem o pagamento de salários às donas de casa viram nisso uma forma de dar à mulher algum poder econômico e de atribuir valor ao seu trabalho. Mas parece improvável que remunerar o trabalho doméstico possa levar a sociedade a atribuir valor a esse tipo de tarefa, uma vez que, em geral, as atividades de serviço não são valorizadas, independentemente de serem remuneradas ou não. E quando há remuneração, as pessoas que fazem esse tipo de trabalho continuam sendo exploradas psicologicamente. Assim como o trabalho doméstico, as atividades que desempenham são estigmatizadas como degradantes. Os autores anônimos de *Women and the New World* sugerem que pagar salários para o trabalho doméstico é "uma proposta que nos leva ainda mais longe na estrada do capitalismo, uma vez que nos lança dentro do mercado e coloca um preço em atividades que deveriam atender necessidades humanas e não apenas à necessidade de independência econômica das mulheres". Se as mulheres recebessem salários pelo trabalho doméstico, é improvável que um dia ele deixasse de ser designado como "trabalho de mulher" e passasse a ser reconhecido como uma atividade importante.

Poucas são as publicações sobre o trabalho no setor de serviços e sobre o trabalho doméstico em particular. *The Sociology of Housework* (A Sociologia do Trabalho Doméstico), de Ann Oakley,

Homemaker: The Forgotten Workers (Donas de Casa: As Trabalhadoras Esquecidas), de Rae André, *The Politics of Housework* (A Política do Trabalho Doméstico), publicado por Ellen Malos, são alguns exemplos. E existem poucos estudos feministas que examinam até que ponto a dedicação ao trabalho doméstico contribui para o bem-estar individual, promovendo o desenvolvimento do senso estético ou ajudando na redução do estresse. Pelo envolvimento com o trabalho doméstico, a criança e o adulto aceitam a responsabilidade de pôr ordem à realidade material. Aprendem a ter gosto e zelo pelo ambiente em que vivem e atuam. E como muitas crianças do sexo masculino não recebem esse tipo de educação doméstica, crescem sem prestar atenção ao entorno, muitas vezes sem a capacidade para cuidar de si mesmas e de seus pertences. A elas foi dada a permissão de cultivar, dentro de casa, uma excessiva dependência em relação às mulheres, e, por conta dessa dependência, muitas vezes não desenvolvem um senso sadio de autonomia. As meninas, embora normalmente obrigadas a fazer o serviço de casa, aprendem a encará-lo como degradante e humilhante. Com isso, acabam odiando o trabalho doméstico e se privam da satisfação pessoal que poderiam sentir ao levar a cabo essas tarefas tão necessárias. Crescem achando que a maioria dos trabalhos, incluindo o doméstico, é algo estafante, e passam a vida fantasiando sobre uma vida em que não precisariam trabalhar, principalmente nas atividades de casa. Se fossem educadas para valorizar o trabalho doméstico, poderiam desenvolver uma atitude diferente. Poderiam encarar o trabalho como uma afirmação da própria identidade, não como uma negação. Hoje, muitos jovens ocidentais, de ambos os sexos, seguem os ensinamentos filosóficos e religiosos do Oriente na esperança de encontrarem a autorrealização. Durante esse processo, aprendem a repensar suas atitudes em relação ao trabalho, especialmente às atividades de serviço, de manutenção. Aprendem que a disciplina começa pelo desempenho cuidadoso de todas as tarefas, em especial daquelas consideradas "subalternas" nessa cultura.

Repensar a natureza do trabalho é essencial para o movimento feminista nos Estados Unidos. E isso significa, não secundariamente, que as mulheres precisam aprender a valorizar o trabalho. Muitas ativistas feministas não entenderam que seria um gesto relevante e significativo de poder e resistência para as mulheres aprender o valor do seu trabalho, quer fosse ele remunerado ou não. Elas agiram como se o trabalho feito pela mulher só pudesse ser considerado como portador de valor se os homens, especialmente os detentores de poder, se vissem obrigados a reconhecer esse valor (no caso do trabalho doméstico, transformando-o em trabalho remunerado). De nada vale que os homens reconheçam o valor do trabalho das mulheres, se elas mesmas não o fizerem.

As mulheres, como outros grupos oprimidos e explorados nessa sociedade, geralmente possuem uma atitude negativa em relação ao trabalho em geral e em relação ao trabalho que elas próprias fazem em particular. Tendem a desvalorizar o próprio trabalho porque foram ensinadas a avaliar sua relevância apenas em termos de valor de troca. Receber um salário pequeno ou não receber nenhum salário é sinônimo de fracasso pessoal, falta de sucesso, inferioridade. Como outros grupos explorados, as mulheres internalizam a definição que os poderosos criam sobre elas e sobre o valor de seu trabalho. Elas não aprendem a ver no trabalho a expressão de dignidade, disciplina, criatividade etc. Em *Revolution and Evolution in the Twentieth Century*, Grace Lee Boggs sugere que a maior parte dos trabalhadores da nossa sociedade, de ambos os sexos, pensa o trabalho como uma forma de escravidão, quando deveria saber que cria sua humanidade por meio de sua participação no trabalho:

> É inconcebível que a humanidade possa existir sem trabalho. A nova ética do trabalho começa em primeiro lugar com a ideia de que o trabalho é necessário para a personalidade humana. Mas homens e mulheres lutamos há tanto tempo contra o trabalho compulsório que perdemos a noção de que, se não trabalhássemos,

não poderíamos existir como seres humanos. Estamos na conjunção histórica de dois eventos importantes: o apogeu da luta massiva contra as formas fatigantes de trabalho e a revolução tecnológica que eliminou as razões pelas quais se trabalhava antigamente. Então temos de reafirmar que as pessoas têm de trabalhar, mas não precisam trabalhar como antigamente e pelas velhas razões. Não podemos buscar novos caminhos ou novas razões a menos que acreditemos que existem razões humanas para trabalhar...

Precisamos estabelecer uma polarização, uma oposição entre duas atitudes em relação ao trabalho. Não importa tanto chamar essas duas respectivas atitudes de "burguesa" e "socialista", pois o fundamental é perceber que, nessa conjuntura histórica, nessa transição, existem duas atitudes: uma que consiste em repudiar e odiar o trabalho, julgando-o destrutivo da personalidade humana, e outra em que se reconhece o trabalho como essencial ao desenvolvimento de si como ser humano.

Tradicionalmente, o trabalho não tem sido uma esfera da atividade humana da qual as mulheres participam com o propósito de desenvolver sua personalidade, conceitos a respeito de si etc. Essa é uma das razões pelas quais as mulheres que adquirem a autossuficiência econômica em geral são tão incapazes de se libertar das interações opressivas com indivíduos sexistas quanto as mulheres que não possuem trabalho remunerado e dependem de outras pessoas para assegurar a sua sobrevivência econômica. As mulheres que trabalham geralmente pensam que as relações interpessoais são a esfera em que elas irão desenvolver sua personalidade, as definições de si mesmas etc. Elas talvez alimentem a ideia de que um dia irão se libertar da necessidade de trabalhar quando encontrarem o homem "certo". Esse tipo de pensamento as leva a apoiar e perpetuar a ideologia sexista. Tal como as mulheres da classe trabalhadora, elas poderiam se beneficiar das tentativas feministas de repensar a natureza do trabalho. Mulheres que não conseguem emprego e que por isso são obrigadas a depender da assistência do bem-estar social tendem a se ver, graças ao incentivo dos grupos dirigentes, como parasitas que vivem do suor de terceiros. O sistema de bem-estar social é estruturado para garantir que os beneficiários serão submetidos a um processo de desmoralização. Esse processo geralmente desencadeia crises depressivas que paralisam essas mulheres, impedindo-as de se libertarem da situação de dependência. Também elas poderiam colher os benefícios de uma ação feminista que tivesse por objetivo repensar a natureza do trabalho. Elas poderiam participar dos esforços de reestruturação do sistema de assistência social, conectando-o a um conceito positivo de trabalho, lutando para que ele possa ter como meta final a empregabilidade.

O movimento feminista do futuro só será viável caso se volte para a necessidade da massa das mulheres. Ao repensar a natureza do trabalho, as ativistas feministas poderão traçar o destino do movimento de modo a torná-lo relevante para todas as mulheres, atraindo-as para as suas fileiras.

"

Quando as ativistas feministas são antirracistas e contra a opressão de classe, a presença de mulheres pobres ou de cor etc. não se torna um problema.

Quando mostramos nossa preocupação com o coletivo, fortalecemos nossa solidariedade.

8

Educando Mulheres:
Uma Agenda Feminista

Muitas mulheres engajadas no movimento feminista contemporâneo possuem ensino superior. É fácil pressupor que nosso *status* e nossos privilégios educacionais são comuns entre as mulheres e, como consequência, não enfatizarmos a necessidade de se fazer da educação, especialmente da formação de base, uma agenda feminista. Embora as ativistas feministas tenham focado na luta contra o sexismo nas instituições de ensino e na socialização infantil, não exploraram a fundo a conexão entre a exploração sexista das mulheres nessa sociedade e o grau de instrução dessas mesmas mulheres, incluindo a falta de habilidades básicas, como ler e escrever. A ativista e acadêmica feminista Charlotte Bunch enfatiza a importância política da alfabetização em seu ensaio "Feminism and Education:

> Os movimentos revolucionários quase sempre alertam para a importância da alfabetização. E, no entanto, nos Estados Unidos, onde pressupomos que a maioria de nós sabe ler e escrever, essa questão tem sido negligenciada [...]
> Ler e escrever constituem um valor em si e por si mesmos, e as mulheres deveriam poder desfrutar disso. Além do mais, são de importância vital por várias razões. Primeiro, porque representam um meio de expressar ideias e informações que não estão

necessariamente disponíveis na mídia. Por exemplo, a ideia de libertação das mulheres, primeiramente transmitida por meio de artigos escritos [...] Em segundo lugar, ler e escrever ajudam no desenvolvimento da imaginação e da capacidade de pensar [...] Em terceiro lugar, o aceso individual, por meio da leitura de diversas interpretações da realidade, promove a capacidade pessoal de pensar por si mesmo, de questionar e confrontar as normas da cultura, e conceber alternativas para a sociedade – coisas que são fundamentais para a ação política. Em quarto lugar, ler e escrever ajudam as mulheres individualmente a sobreviver e ter sucesso no mundo ao aumentar sua capacidade de lidar com os desafios. E, finalmente, a palavra escrita ainda é a forma mais acessível de comunicação de massa [...] Quando consideramos por que a alfabetização é importante para os movimentos, se torna claro que não devemos pressupor que as mulheres já estão alfabetizadas, nem ignorar a importância de ensinar as mulheres a ler, escrever e pensar como parte da educação feminista.

O viés de classe levou as mulheres que organizam o movimento feminista a simplesmente pressupor que a teoria e as estratégias feministas seriam mais bem disseminadas para as massas através de material escrito. Mas, na verdade, o foco no material escrito impede muitas mulheres de aprender sobre o feminismo. Há lugares nos Estados Unidos em que a literatura feminista não está disponível, em que mulheres e homens nunca ouviram falar na palavra "feminismo" ou, se ouviram, não sabem o seu significado. Se as ativistas feministas preocupadas em dar uma direção ao movimento considerassem essa questão da alfabetização, teriam previsto que a ênfase em material escrito tornaria as ideias feministas acessíveis a certas classes e grupos de mulheres. Saberiam que um movimento que depende da palavra escrita para transmitir sua mensagem teria que focar em medidas que fizessem chegar a todas as mulheres as condições para aprender a ler e escrever. A importância política da alfabetização ainda é negligenciada pelo movimento feminista hoje em dia, enquanto o material escrito se tornou praticamente o único meio de expressão de sua teoria. Muitas teóricas sequer possuem a intenção de levar suas ideias a um público de massa, e por isso devemos reconhecer que somos parcialmente responsáveis pela forma distorcida com que as ideias feministas acabam sendo interpretadas na tevê, por exemplo. Não é tarde para que as ativistas feministas enfatizem a importância da alfabetização e criem programas para alfabetizar mulheres. Esses programas poderiam não apenas ensinar a ler e escrever, como também ajudá-las a pensar de forma crítica e analítica.

Por conta do viés de classe de muitas ativistas feministas da burguesia, tem-se dado atenção a mulheres universitárias, estudantes e professoras, negligenciando-se as necessidades das mulheres desprovidas de habilidades básicas. Tem-se empregado tempo e dinheiro para viabilizar e promover o trabalho de mulheres acadêmicas. Embora seja um esforço importante, isso não deveria ter uma prioridade maior do que garantir que todas as mulheres possam ler e escrever. Em vista dos cortes financeiros que têm ocorrido em todos os setores do governo nos Estados Unidos, não se pode esperar por financiamento público para estabelecer programas de alfabetização para mulheres. No entanto, alguns programas poderiam ser criados a partir da contribuição de mulheres e homens em instituições acadêmicas comprometidas com mudanças políticas radicais. Ainda que sem fontes de financiamento, alguns programas de alfabetização poderiam ser criados nos bairros e nas comunidades por indivíduos politicamente engajados e dispostos a ensinar as mulheres a ler e escrever.

Enquanto a massa das mulheres não estiver alfabetizada, as ideias feministas precisam ser amplamente divulgadas de forma oral. Muitas mulheres não irão e nem podem sair de suas casas para participar de conferências e conversas públicas sobre o feminismo; as ideias feministas podem ser difundidas pela vizinhança através do contato porta a porta. Esse tipo de contato pode ser feito pelas mulheres que participam das organizações feministas.

Muitas estudantes universitárias envolvidas nos estudos da mulher se questionam sobre a relevância de suas inquietações intelectuais e acadêmicas para a realidade das mulheres como coletivo, para as mulheres do mundo "real". Se essas estudantes fossem às comunidades para discutir as questões feministas com as pessoas, elas estariam contribuindo para aproximar suas experiências intelectuais com a experiência social da massa das mulheres.

Muitas mulheres se retraem ao pensar em se aproximar de mulheres desconhecidas. Num semestre em que lecionei um curso para um programa de estudos da mulher chamado "Mulheres do Terceiro Mundo nos Estados Unidos", e embora a origem étnica das alunas variasse a cada semestre, dessa vez a maior parte das alunas era branca. Todas lamentaram a ausência de um número mais expressivo de mulheres de cor. Então propus a elas a tarefa de entrevistar mulheres não brancas do *campus* a fim de saber as razões pelas quais elas não participam dos estudos da mulher. Elas inclusive podiam convidar essas mulheres a visitar a turma. De início, as alunas se sentiram desconfortáveis com a atribuição. Elas não sabiam como se aproximar de mulheres que não conheciam. A maior parte das mulheres entrevistadas alegou a falta de informações sobre os cursos e professores como o motivo principal para nunca terem frequentado um curso de estudos da mulher. Depois que as alunas reportaram suas experiências (algumas trouxeram grupos de mulheres não brancas para a turma), discutimos de que formas elas poderiam apreender mais sobre o programa de estudos da mulher. Apesar de todo mundo concordar que uma boa estratégia era usar material publicitário impresso (cartazes e anúncios em jornais acadêmicos), concluímos que conversar com as mulheres sobre o curso era o método mais eficaz. No diálogo, as mulheres podiam fazer perguntas e desfazer estereótipos ou receios que porventura tivessem sobre o feminismo e os estudos da mulher. A importância da comunicação verbal se mostrou verdadeira para a disseminação das ideias feministas. Através da divulgação porta a porta, as mulheres tinham a oportunidade de formular perguntas, esclarecer questões e dar um *feedback*. Se, durante um ano, as mulheres parassem de gastar milhares de dólares organizando conferências que seriam frequentadas apenas por um pequeno e seleto grupo de pessoas, a meta daquele ano poderia ser atingida com folga em cada estado, de modo a retirar o feminismo das universidades e colocá-lo nas ruas e nas casas.

Foi através dos programas de estudos da mulher que a educação feminista se institucionalizou nas universidades. Embora esses programas sejam necessários e extremamente eficientes enquanto método acadêmico, seu impacto é muito pequeno, ficando restrito ao público do *campus*. E há poucos programas equivalentes voltados ao público em geral. Muitos alunos, de ambos os sexos, declaram que, após terem frequentado as aulas de estudos da mulher, passaram a repensar a questão do sexismo. Normalmente, a educação que recebem muda radicalmente a sua perspectiva sobre a realidade, bem como a sua visão sobre a natureza de ambos os sexos. Esse tipo de informação precisa atingir um número maior de pessoas. Um acadêmico comprometido com o feminismo e com uma práxis positiva deveria oferecer cursos de estudos da mulher em centros comunitários, YMCA (Associação Cristã de Moços), YWCA (Associação Cristã de Moças), igrejas etc. Ainda que com uma carga horária inferior à de um curso acadêmico, qualquer tempo empregado para levar os estudos da mulher a um público mais amplo é válido.

Recentemente, retornei à pequena cidade do estado de Kentucky onde cresci, para falar a respeito das escritoras negras e sua visão sobre comunidade no evento Black History Week (Semana da História Negra). Minha fala foi elaborada no intuito de destacar o modo pelo qual as escritoras negras assimilam e elaboram elementos extraídos da vida cotidiana dos negros, de suas experiências domésticas e comunitárias. Habituada a ministrar cursos acadêmicos em que os estudantes estão familiarizados com a literatura em questão, achei desafiador formular uma estratégia de ensino que possibilitasse tornar o mesmo saber acessível a mulheres e homens (afro-americanos em sua maioria) de todas as idades, alfabetizados ou não, boa parte dos quais sem nenhuma familiaridade com as obras e os autores a serem discutidos. Escolhi, para ler durante os encontros, trechos de várias obras – poesia, ficção, drama – que envolvessem descrições pouco comuns e excitantes de situações cotidianas. Enquanto preparava minha fala, tinha a consciência de não subestimar o público de modo algum. Queria preservar o nível intelectual das aulas que ministro nas universidades. Com isso em mente, comecei a pensar em termos de tradução – mantendo a mensagem, mudaria o estilo, adotaria sentenças de estrutura mais simples etc.

A habilidade de "traduzir" ideias para um público variado em termos de idade, sexo, etnia e grau de instrução é algo que as educadoras feministas precisam desenvolver. Quando ficam concentradas nas universidades, elas se prendem a um estilo que pode impossibilitar a comunicação com indivíduos que não possuem familiaridade com o estilo e o jargão acadêmico. Muito frequentemente os educadores, especialmente os professores universitários, temem que seus trabalhos não sejam bem avaliados por outros acadêmicos, caso sejam apresentados numa linguagem acessível ao grande público. Se eles procurassem apresentar suas obras em diferentes estilos, em diferentes "traduções", poderiam atender aos critérios arbitrários da academia, ao mesmo tempo que se tornariam acessíveis ao grande público. A dificuldade de acesso tem sido o problema de muita teoria feminista. Um ensaio feminista com ideias revolucionárias escrito numa linguagem complicada, empregando o jargão de uma disciplina específica, não terá o impacto que deveria ter sobre a consciência de mulheres e homens porque provavelmente só será lido por um pequeno grupo de pessoas. Se, por um lado, as feministas da academia devem se sentir livres para escrever como bem quiser, por outro, caso estejam realmente comprometidas com a difusão em massa de suas ideias, precisam escrever de uma maneira mais acessível ou buscando um estilo que torne o conteúdo mais compreensível. O valor de uma obra feminista não pode ser determinado pelo critério da conformação a padrões acadêmicos. Seu valor também não deveria ser medido pelo grau de dificuldade que apresenta ao leitor. Obviamente, não podemos descartar uma obra porque ela é difícil. Mas se a pesquisa acadêmica feminista almeja promover o movimento feminista, a questão do estilo precisa ser considerada em conexão com a intenção política. Não haverá movimento feminista de massa enquanto as ideias feministas ficarem confinadas aos círculos das elites cultas. As necessidades de formação das mulheres com pouca instrução precisam ser levadas em consideração pelas ativistas feministas que se comunicam preferencialmente por meio da palavra escrita.

Outra razão pela qual a educação não tem sido a preocupação principal das ativistas feministas é o cabo de guerra que existe dentro do movimento feminista entre as feministas de perfil intelectual e acadêmico e aquelas que associam cultura intelectual a privilégios burgueses e são, por isso, anti-intelectualistas. Esse cabo de guerra tem levado a uma falsa dicotomia entre teoria (o desenvolvimento de ideias) e prática (as ações do movimento). Em consequência, não há muita congruência entre a teoria feminista e a prática feminista. Isso intensifica em algumas mulheres engajadas no ativismo (por exemplo, organizando um comitê de defesa para mulheres que foram presas por assassinar o marido abusador) o sentimento de que são superiores ou mais "corretas politicamente" do que aquelas que se concentram no desenvolvimento de ideias. Desde o começo, as participantes do movimento de libertação das mulheres lutaram para unir teoria e prática, para criar a práxis feminista libertadora (definida por Paulo Freire como "ação e reflexão sobre o mundo no intuito de transformá-lo"). Essa luta tem sido solapada pelo anti-intelectualismo e pela elite acadêmica que acredita que suas "ideias" não precisam ter nenhuma conexão com a vida real.

O viés de classe burguês tem levado muitas teóricas feministas a desenvolver ideias com pouca ou nenhuma relação com a experiência vivida pela maior parte das mulheres, a investir em teorias que não são úteis para a revolução feminista. Irritadas e decepcionadas com essas ideias, muitas mulheres descartam a teoria em geral como irrelevante. No entanto, as mulheres precisam saber que ideias e teorias são importantes e absolutamente vitais para que o movimento feminista seja bem-sucedido, capaz de mobilizar as pessoas para uma transformação dessa sociedade. Ironicamente, a falta de conhecimento sobre uma política revolucionária faz com que muitas mulheres virem as costas para ideias e teorias. No capítulo "Dialética e Revolução", Grace Lee Boggs e James Boggs discutem a importância das ideias para as ativistas revolucionárias:

> Revolucionários buscam mudar a realidade, melhorá-la. Por isso, revolucionários não precisam apenas da filosofia revolucionária da dialética. Precisam de uma ideologia revolucionária, isto é, um corpo de ideias baseado nas principais contradições da sociedade que eles estão querendo transformar, projetando a visão de uma forma superior de realidade em que essas contradições seriam resolvidas, e relacionando essa resolução a forças sociais ou forças aptas a atingir isso. Somente depois de ter chegado a uma ideologia correta é que faz sentido desenvolver sua política revolucionária, isto é, os programas necessários para mobilizar e organizar as forças sociais revolucionárias. Se a sua ideologia está errada, ou seja, mal direcionada e limitada, então qualquer programa da atividade militante, por mais brilhante que seja, precisa ter absoluta clareza sobre essa sequência – da filosofia revolucionária para a ideologia revolucionária, e daí para a política revolucionária.

Apoiar o anti-intelectualismo no movimento feminista é um bom exemplo de uma ideologia que mina e impede o progresso.

Têm sido negados às mulheres (através do sexo, da raça e da exploração e opressão de classe) o direito e o privilégio de se desenvolver intelectualmente. A maior parte das mulheres não possui acesso a formas de pensar que promovam o tipo de compreensão crítica e analítica necessário à luta de libertação. Essa privação faz com que as mulheres se sintam inseguras diante do trabalho intelectual e receiem lidar com novas ideias e informações. Por conta do seu caráter desafiador, ideias relevantes acabam sendo julgadas como irrelevantes.

De um modo geral, as mulheres de cor engajadas no movimento feminista adotam uma postura anti-intelectual. Muitas de nós não tiveram acesso à educação universitária e nem possuem diplomas de pós-graduação. Podemos estabelecer uma correspondência entre a predominância hegemônica da mulher branca na teoria e na prática feministas e o nível educacional dessas mulheres. Provavelmente, não atacaremos essa hegemonia (que decorre de hierarquia de classe e raça), optando antes por "rebaixar" o trabalho intelectual. Ao descartar o trabalho teórico e a organização privilegiada, algumas mulheres de cor se tornam propensas a ver a si mesmas como mais engajadas politicamente naquilo que realmente importa. No entanto, ao acatar essa dicotomia entre teoria e prática, sempre nos colocamos do lado do empirismo, e com isso apoiamos a noção (incentivada pelas mulheres brancas) de que o papel delas é fazer o trabalho cerebral, desenvolvendo ideias, teorias etc., enquanto o nosso papel é ou fazer o trabalho "sujo" ou contribuir por meio da experiência para validar e documentar as análises feitas pelas feministas brancas. As mulheres de cor precisam se desenvolver intelectualmente. Não precisamos nos envergonhar de não possuirmos determinadas habilidades educacionais, mas precisamos assumir a missão de exortar e ajudar umas às outras a combinar as habilidades organizacionais com a *expertise* intelectual. Precisamos investigar por que há tão poucas representações de mulheres intelectuais que não sejam brancas. Aquelas dentre nós que são formadas, que possuem diplomas, precisam investigar por que desvalorizamos a atividade intelectual. As mulheres de cor e todas as mulheres que não provêm de realidades privilegiadas, mas que tiveram uma boa formação, que compreendem o valor do desenvolvimento intelectual, que sabem o quanto isso fortalece qualquer pessoa oprimida que está buscando autossuperação e mudança política radical, precisam partilhar sua compreensão com todas as mulheres. Precisamos lutar ativamente para livrar o movimento feminista de seu viés anti-intelectual. Precisamos continuar a criticar os trabalhos intelectuais desprovidos de sentido e promover as formas de estudo e pesquisa que são em si mesmas uma práxis feminista.

Em seu escrito, Charlotte Bunch encoraja as mulheres a aceitar o desafio educacional, seja a luta pela conquista da capacidade de ler e escrever, seja a luta para desenvolver a habilidade de analisar e criticar. Ao escrever sobre a atitude negativa das mulheres em relação à teoria, ela comenta:

> Ao ensinar a teoria feminista, é preciso levar em conta esse tipo de atitude e buscar meios de encorajar as mulheres a pensar de forma sistemática sobre o mundo. Nossa sociedade (e na verdade todas as sociedades de hoje) treina apenas algumas pessoas a pensar dessa maneira, a maior parte delas proveniente, em sua maioria, das classes destinadas a controlar a ordem social. Decerto, a maior parte das mulheres não é vista como apta a assumir posições de controle e, por consequência, essas mulheres não são encorajadas a pensar analiticamente. De fato, o pensamento crítico é a antítese do papel tradicional da mulher. Imagina-se a mulher como um ser que se preocupa com assuntos mundanos relativos à sobrevivência, que rumina sobre o destino e está sempre com a cabeça na lua. Não se espera que pensemos analiticamente sobre a sociedade, que questionemos o modo como as coisas são, e que consideremos como elas poderiam ser diferentes. Esse tipo de pensamento envolve uma relação ativa com o mundo. Pressupõe a convicção de que seus pensamentos são dignos de serem

perseguidos e que você pode fazer a diferença [...] Meu objetivo ao ensinar a teoria feminista é instigar as mulheres a pensar sobre suas vidas e, dessa forma, sobre a sociedade.

Encorajar as mulheres a lutar por sua formação, a desenvolver seu intelecto, deveria ser o objetivo primordial do movimento feminista.

A educação como "prática da liberdade" (para usar uma outra frase de Paulo Freire) só será uma realidade para as mulheres quando desenvolvermos uma metodologia voltada às necessidades de todas as mulheres. Essa é uma importante agenda feminista.

As mulheres não precisam eliminar suas diferenças para construir vínculos de solidariedade. Não precisamos viver sob a mesma opressão para combatermos a opressão em si. Não precisamos sentir hostilidade contra os homens para nos unirmos, tão grande é a riqueza das experiências, culturas e ideias que podemos partilhar umas com as outras. Podemos ser irmãs unidas pelo compartilhamento de interesses e crenças, unidas em nosso apreço pela diversidade, unidas em nossa luta para acabar com a opressão sexista, unidas na solidariedade política.

9

O Movimento Feminista
Para Acabar Com a Violência

O movimento feminista contemporâneo foi bem-sucedido em chamar a atenção para a necessidade de dar um basta à violência dos homens contra as mulheres. Abrigos para mulheres vítimas de abusos e agressão física foram criados em toda parte nos Estados Unidos graças ao ativismo de mulheres empenhadas em contribuir para que mulheres atingidas pela violência masculina pudessem se tratar e iniciar uma vida nova. No entanto, a despeito de muitos anos de intensa dedicação a essa causa, a violência contra a mulher cresce insistentemente. De um modo geral, as ativistas feministas pressupõem que essa violência se distingue de outras formas de violência pelo fato de estar especificamente ligada às políticas do sexismo e da supremacia masculina: o direito do homem de dominar a mulher. No amplo estudo de Susan Schechter sobre o movimento das mulheres vítimas de espancamento, *Women and Male Violence* (As Mulheres e a Violência Masculina), ela enfatiza continuamente que "a violência contra a mulher está enraizada na dominação masculina". No capítulo intitulado "Para uma Análise da Violência Contra a Mulher no Seio Familiar", ela examina até que ponto a ideologia da supremacia masculina tanto encoraja quanto apoia a violência contra a mulher:

> Buscar explicações teóricas para as agressões físicas não é mero exercício; ao se identificar as condições que geram violência contra a mulher, podem-se divisar os caminhos pelos quais o movimento tem de seguir para acabar com isso. Aqui, o abuso contra a mulher é visto como expressão histórica da dominação masculina que ocorre dentro da família e que atualmente é reforçada pelas instituições, arranjos econômicos e a divisão sexista do trabalho dentro da sociedade capitalista. Somente uma análise completa desse contexto de violência pode permitir que mulheres e homens elaborem um plano de longo prazo para acabar com isso.

Se, por um lado, concordo com Schechter sobre a ideia de que a violência contra a mulher no seio familiar é expressão da dominação masculina, acredito, por outro, que todos os atos de violência que, nessa sociedade, ocorrem entre os poderosos e os desprovidos de poder, os dominantes e os dominados, estão inextricavelmente associados. Se a supremacia masculina encoraja o uso da força abusiva a fim de manter a dominação masculina sobre a mulher, é a ideia filosófica ocidental de regras hierárquicas e autoridade coercitiva que está na raiz da violência contra a mulher, da violência do adulto contra a criança, de toda a violência entre aqueles que dominam e aqueles que são dominados. Esse sistema de crenças é a base sobre a qual a ideologia sexista e as outras ideologias de opressão de grupo estão apoiadas; elas só podem ser eliminadas se essa base for eliminada.

É essencial para a luta feminista para acabar com a violência contra a mulher que essa luta seja vista como parte de um movimento maior para acabar com a violência em geral. Até agora, o movimento feminista tem focado primordialmente na violência masculina, e como consequência disso tem fortalecido o estereótipo sexista que sugere que os homens são violentos e as mulheres não; os homens são abusadores, as mulheres são vítimas. Esse tipo de pensamento nos leva a ignorar o quanto as mulheres (e os homens) dessa sociedade aceitam e perpetuam a ideia de que é normal que um partido ou grupo dominante mantenha o poder sobre os dominados pelo uso da força coercitiva. E nos leva a negligenciar ou ignorar o fato de que as mulheres também exercem autoridade coercitiva sobre outras pessoas ou agem de forma violenta. O fato de que as mulheres não cometem violência com tanta frequência quanto os homens não nega a realidade da violência feminina. Precisamos admitir que os homens e as mulheres dessa sociedade são grupos distintos que apoiam, cada um a sua maneira, o uso da violência. Somente a partir desse reconhecimento haveremos de encontrar alternativas para mudar esse estado de coisas.

Na hierarquia social no patriarcado capitalista e supremacista branco, os homens são os poderosos e as mulheres as que carecem de poder; os adultos são os poderosos, as crianças as que carecem de poder; as pessoas brancas as poderosas, as negras e não brancas as que carecem de poder. Nesse contexto, qualquer partido que ocupe o poder provavelmente fará uso da força para se manter no poder caso se veja ameaçado ou desafiado. Embora a maior parte das mulheres obviamente não recorra a abusos e agressões a fim de exercer controle e dominação (embora uma minoria de mulheres bata em homens), elas podem empregar medidas abusivas para manter a autoridade em relação aos grupos sobre os quais exercem algum tipo de poder. Muitas de nós que crescemos em lares patriarcais, em que familiares do sexo masculino mantinham sua dominação e controle mediante relações abusivas com mulheres e crianças, sabemos que o problema muitas vezes foi exacerbado pelo fato de que as mulheres acreditavam que a pessoa investida de autoridade tinha o direito de usar a força a fim de manter sua autoridade. Nessas famílias, algumas mulheres exerciam autoridade coercitiva sobre suas crianças (como fazem mulheres em famílias em que os homens não são violentos), às vezes em atos intempestivos, sem motivo aparente, de violência física ou por meio de abuso verbal contínuo. Essa violência não é diferente da violência masculina contra crianças e mulheres, embora possa não ser prevalente (o que parece improvável, já que 90% dos pais e mães usam algum tipo de força física contra seus filhos). Se não diminui a gravidade do problema da violência masculina contra a mulher enfatizar que as mulheres também fazem uso da autoridade coercitiva quando estão em posição de poder, reconhecer isso faz com que recordemos que as mulheres, tal como os homens, precisam trabalhar para desaprender a educação que naturaliza a manutenção do poder mediante o uso da força. Ao se aterem somente à luta para acabar com a violência masculina contra a mulher, as ativistas feministas provavelmente não compreenderão a gravidade do problema. Elas tenderão a encorajar as mulheres a se impor contra a dominação masculina coercitiva, sem encorajá-las a fazer oposição a todas as formas de dominação coercitiva.

No capítulo "A Construção da Teoria e Suas Questões", em que Schechter analisa a violência contra a mulher no seio familiar, a autora reconhece a necessidade de mais investigações para elucidar as causas da violência física. Ela menciona o fato de também haver atos de agressão em relações lésbicas para questionar até que ponto essa informação se "encaixa" na teoria da violência física que busca na dominação masculina a sua causa. Ela responde: "pode-se teorizar que os modelos de relações íntimas baseados na força e na dominação são tão disseminados nessa sociedade que até interferem na natureza das relações entre pessoas do mesmo sexo". Mas ela se mostra relutante em aceitar uma teoria que não põe como causa da violência física a dominação masculina, sugerindo ser preciso fazer novas investigações antes de se estabelecer uma conexão entre essas duas formas de violência. No entanto, quando se parte, como eu, da suposição de que a violência física é causada pela naturalização disseminada em nossa cultura das regras hierárquicas e da autoridade coercitiva, então todas as relações tendem a ser embasadas no poder e na dominação, e assim todas as formas de agressão física se conectam. Em *The Cultural Basis of Racism and Group Oppression* (As Bases Culturais do Racismo e da Opressão de Grupo), o filósofo John Hodge sugere que é no contexto da tradicional família ocidental, com suas regras autoritárias impostas pelos homens e pelos adultos, que a maior parte de nós é educada para aceitar a opressão de grupo e o uso da força como fiador da autoridade. Esses padrões definem a base de todas as nossas relações:

> A maior parte das relações pessoais em nossa cultura dualista tem lugar dentro de instituições estabelecidas. Consequentemente, a maior parte das relações pessoais contém uma boa dose de hierarquia. A maior parte das interações ocorre dentro de estruturas hierárquicas e é moldada por essas estruturas. Já consideramos as relações que normalmente prevalecem dentro da família em que a regra é estipulada pelos adultos e pelos homens. A isso se somam outras interações pessoais que normalmente ocorrem dentro de uma moldura hierárquica, como empregado e empregador, chefe e equipe, produtor e usuário, proprietário e inquilino, credor e mutuário, professor e estudante, governante e governado – numa palavra, controlador e controlado.

Em todas essas relações, o poder exercido pela parte dominante é mantido pela ameaça (levada a efeito ou não) de que punições abusivas, físicas ou psicológicas, podem ser usadas se a estrutura hierárquica for desafiada.

A violência masculina contra a mulher nas relações pessoais é uma das expressões mais flagrantes do emprego abusivo da força para a manutenção do controle e da dominação. É a síntese viva dos conceitos de regra hierárquica e autoridade coercitiva. Diferentemente da violência contra as crianças, ou da violência racial dos brancos contra os outros grupos étnicos, essa violência é a mais amplamente difundida e aceita, sendo inclusive celebrada na cultura atual. A aceitação e perpetuação dessa violência em nossa sociedade ajudam a mantê-la e dificultam seu controle e sua eliminação. Essa aceitação apenas em parte pode ser explicada pelas regras patriarcais que promovem a dominação masculina da mulher mediante o uso da força. As regras masculinas patriarcais tomaram um caráter totalmente diferente no contexto da sociedade capitalista. No mundo pré-capitalista, o patriarcado concedia a todos os homens o direito total de impor regras às mulheres de sua família, de decidir e moldar o destino delas. Os homens podiam bater nas mulheres à vontade e sem medo de punição. Podiam decidir com quem suas filhas iriam casar, se iriam saber ler e escrever etc. Boa parte desse poder se perdeu com o desenvolvimento do capitalismo e do Estado-nação nos Estados Unidos. A essa perda de poder não correspondeu um enfraquecimento da ideologia da supremacia masculina. No entanto, a ideia de um patriarca como trabalhador, provendo e protegendo a família, foi transformada tão logo seu trabalho passou a beneficiar primeiramente o Estado capitalista.

Os homens não apenas deixaram de ter o controle e a autoridade total sobre as mulheres; eles perderam o controle sobre suas próprias vidas. Elas passaram a ser controladas pelas necessidades econômicas do capitalismo. Como trabalhadores, a maior parte dos homens em nossa cultura (e das mulheres que trabalham) é controlada e dominada. Diferentemente das mulheres que trabalham, os trabalhadores vivem diariamente a fantasia de supremacia e controle. Na realidade, eles possuem muito pouco poder, e sabem disso. No entanto, eles não se rebelam contra a ordem dominante ou fazem uma revolução. Eles são educados pelos poderes dominantes a aceitar a desumanização e exploração a que são submetidos no mundo público do trabalho, e ensinados a esperar que o mundo privado, o mundo do lar, das relações íntimas, restaure o seu senso de poder, que equiparam à noção de masculinidade. Eles aprendem que se tornaram aptos a dar as regras em sua casa, a controlar e dominar, que essa é a grande compensação por sua aceitação de uma ordem social econômica de exploração. Ao aceitar e perpetuar a dominação dos homens sobre as mulheres, a fim de evitar a rebelião no trabalho, os capitalistas, que ditam as regras, se certificam de que a violência masculina será exercida em casa e não no local de trabalho.

O ingresso das mulheres na força de trabalho, que também serve aos interesses do capitalismo, roubou ainda mais o controle dos homens sobre as mulheres. Com isso, os homens se tornaram ainda mais dependentes do uso da violência para estabelecer e manter a hierarquia dos papéis sexuais que os beneficia enquanto dominantes. Antes, sua dominância era determinada pelo fato de que, na família, eles eram os únicos a receber salário. A necessidade de dominar a mulher (socialmente construída pela ideologia da supremacia masculina) associada à agressão reprimida contra os empregadores que dão as regras torna o ambiente doméstico um centro de tensões explosivas que levam à violência. Essa violência contra as mulheres ocorre porque os homens não temem ser punidos seriamente se as machucarem, especialmente no caso de suas esposas e amantes. Seriam punidos se atacassem seus patrões e os chefes de polícia.

Mulheres e homens negros sempre chamaram a atenção para o "ciclo da violência" que começa com abuso psicológico no mundo público em que trabalhadores homens podem ser submetidos ao controle por um chefe ou figura de autoridade de um modo humilhante e degradante. Como depende do trabalho para a sobrevivência material, ele não faz greve nem se opõe ao empregador, já que este o puniria retirando dele o emprego ou enviando-o para a cadeia. Ele reprime essa violência, aliviando-se naquilo que chamo de "controle" da situação, uma situação em que ele não necessita temer retaliações, em que não necessita sofrer as consequências de sua ação violenta. A casa geralmente é o lugar que propicia essa situação de controle, e o alvo desses abusos costuma ser a mulher. Embora sua própria expressão de violência contra as mulheres brote em parte de um sentimento de dor, essa dor é projetada e aliviada sobre a mulher. Quando a dor desaparece, ele sente alívio, inclusive prazer. Sua dor se foi, embora não tenha sido enfrentada nem resolvida de um modo sadio. Como a psicologia da masculinidade nas sociedades sexistas ensina os homens que admitir e expressar a dor é uma negação da masculinidade, uma castração simbólica, provocar dor em vez de expressá-la restaura o seu senso de completude, de inteireza, de masculinidade. O destino de muitos meninos negros nessa sociedade, cujas vidas são caracterizadas por ciclos de violência que geralmente culminam na morte de outros ou de si mesmos, resume o risco de tentar realizar a fantasia da masculinidade que tem sido socialmente construída pelos grupos dirigentes do patriarcado capitalista.

Diferentemente de muitas ativistas feministas que escrevem sobre a violência masculina contra a mulher, mulheres e homens negros enfatizam o "ciclo da violência" que começa no local de trabalho. Somos conscientes de que o abuso sistemático não está confinado à esfera doméstica, ainda que nela os abusos violentos ocorram com mais frequência. Para quebrar esse ciclo de violência, para se libertarem, homens e mulheres precisam criticar a noção sexista da masculinidade e examinar o impacto do capitalismo em suas vidas – o quanto se sentem degradados, alienados e explorados na força de trabalho. Os homens precisam começar a desafiar as ideias de masculinidade que ancoram a condição de ser homem à habilidade para exercer poder sobre outros, especialmente por meio da força coercitiva. Esse trabalho, em grande medida, precisa ser feito por homens que não se portam de modo violento, que renegaram os valores do patriarcado capitalista. A maior parte dos homens que comete violência contra as mulheres não está em busca de ajuda ou de uma mudança de vida. Eles não sentem que é errado cometer violência contra as mulheres, já que de alguma forma a sociedade os recompensa por isso. A televisão exibe diariamente histórias de violência masculina, especialmente de violência contra a mulher, glamourizando essa violência, envolvendo-a numa atmosfera de entretenimento e erotismo. Quanto mais violento o personagem, seja ele herói ou vilão, mais atenção recebe. De modo geral, o herói masculino tem de agir com extrema violência para subjugar o vilão. Essa violência é afirmada e recompensada. Quanto mais violento o herói (na maior parte das vezes para poder salvar a mulher), maior o amor e a afirmação que obtém das mulheres. Seus atos de violência protetora são vistos como gestos de cuidado, expressando seu "amor" pelas mulheres e sua preocupação com a humanidade.

Essa equiparação da violência com o amor por parte tanto das mulheres como dos homens é um outro motivo pelo qual é tão difícil motivar as pessoas a se engajar na luta contra a violência. Na vida real, a equação de amor com violência faz parte da educação infantil. Um artigo da revista *Mademoiselle*, de outubro de 1982, "Uma Reportagem Especial Sobre Amor, Violência e Mulheres Solteiras", assinado por Jane Patrick, chama a atenção para o fato de que muitas mulheres que não são nem economicamente dependentes de homens, nem ligadas a eles por meio de contratos legais, não rejeitam homens violentos porque equiparam a violência ao amor. Patrick cita Rodney Cate, professor de estudos sobre a família, que associa a violência entre pais e crianças à aceitação da violência nas relações íntimas por parte dos adultos: "Quando você examina o contexto no qual os pais lidam com seus filhos, fica mais fácil entender de que modo a vítima – e o abusador – equiparam a violência ao amor. Não e difícil ver como ao longo do tempo começamos a associar a punição física com o amor e a acreditar que alguém está nos machucando porque nos ama."

Muitos pais ensinam aos filhos que a violência é o caminho mais fácil (se não o mais aceito) para dirimir conflitos e chegar ao poder. Ao dizerem coisas como "estou fazendo isso porque te amo" para justificar o abuso físico que estão cometendo a fim de controlar a criança, os pais não estão apenas equiparando a violência com o amor, mas também expressando uma noção do amor como uma aceitação passiva, como ausência de explicação e discussão. Em muitos lares, crianças e adolescentes descobrem que seu desejo de discutir certas questões com os pais às vezes é encarado como um desafio à autoridade e ao poder paternos, como um ato de "desamor". A força é usada pelos pais a fim de corrigir esse erro. Novamente, é preciso enfatizar que a ideia de que é correto agir de modo abusivo para manter a autoridade é ensinada aos indivíduos pela igreja, pelas escolas e outras instituições.

O amor e a violência estão tão entrelaçados nessa sociedade que muitas pessoas, especialmente as mulheres, temem que a eliminação da violência acabaria levando ao desaparecimento do amor. Romances populares, como a série *Harlequin*, que dez anos atrás não trazia descrições de violência masculina contra a mulher, agora descreve atos de agressão física, abusos etc., tudo isso dentro de um contexto de amor romântico. É interessante perceber que agora nesses romances a maior parte das mulheres possui uma carreira profissional e coleciona experiências eróticas. A violência masculina, os romances sugerem, precisa ser usada para corrigir o "atrevimento" dessas mulheres, que, embora dividam com os homens os mesmos espaços de trabalho, precisam ser forçadas a assumir uma posição subordinada dentro de casa. Poucas vezes se sugere que as mulheres deveriam parar de trabalhar. O trabalho delas é descrito como um gesto de desafio que aumenta o caráter passional do conflito do casal, que intensifica o prazer sexual quando o homem se vale da força para transformar a mulher "atrevida" em um ser passivo e submisso. Obviamente, o homem é sempre branco, rico e membro das classes dirigentes.

Esses romances são lidos por milhões de mulheres que gastam milhões de dólares obtidos com muito suor para ler um tipo de literatura que reforça padrões sexistas de comportamento e romantiza a violência do homem contra a mulher. E não seria impróprio observar que, ideologicamente, eles estão do lado da supremacia branca e do imperialismo ocidental. Por meio dessa literatura, as mulheres são encorajadas tanto a aceitar a ideia de que a violência aumenta e apimenta o prazer sexual quanto a acreditar que a violência é um signo de masculinidade e um gesto de cuidado, que quanto mais violento é um homem maior a intensidade de seu afeto e de seu cuidado. Assim, essas leitoras aprendem que a aceitação passiva da violência é essencial para que possam obter as recompensas do amor e do cuidado. E isso geralmente é o caso na vida das mulheres. Elas precisam aceitar a violência nas suas relações íntimas, e isso vale também para as relações entre lésbicas, porque não querem abrir mão desse cuidado. Elas veem no abuso continuado um preço a pagar. Sabem que podem viver sem os abusos, mas não acham que podem viver sem o cuidado.

Ao falar sobre os possíveis motivos pelos quais as mulheres não deixam as relações violentas, Schechter diz, "as pessoas pobres experimentam tantos tipos diferentes de opressão, que a violência é encarada como um dentre tantos outros abusos". Decerto, muitas mulheres negras sentem que precisam enfrentar abusos para onde quer que se voltem nessa sociedade. As mulheres negras, assim como tantos outros grupos marginalizados nos cursos de pós-graduação, costumam sofrer abusos psicológicos por parte de professores que sistematicamente as degradam e humilham, e por isso algumas desistem antes de obter seu diploma. Mulheres negras que aparentemente "chegaram lá" em sua carreira profissional sofrem abusos por parte dos seus chefes e colegas de trabalho incomodados com sua presença. Mulheres negras que realizam trabalhos de manutenção são bombardeadas diariamente com comentários degradantes e gestos de menosprezo por parte de pessoas que possuem poder sobre elas. A grande maioria das mulheres negras e pobres dessa sociedade se sente continuamente desrespeitada em repartições públicas, lojas etc. Essas mulheres costumam ter a sensação de que abusos serão rotineiros na maior parte de suas interações pessoais. Estão mais inclinadas a aceitar abusos naquelas situações em que existe alguma recompensa ou benefício, em que os abusos não são a única característica da relação. Uma vez que normalmente é esse o caso nas situações em que a violência masculina acontece, elas provavelmente irão relutar em dar um basta a essas relações, se é que realmente terão alguma vontade de fazer isso. Tal como outros grupos de mulheres, elas temem pela perda do cuidado.

A menos que as mulheres e os homens deixem de equiparar violência com amor, passando a compreender que desacordos e conflitos no âmbito das relações íntimas podem ser resolvidos sem o uso de violência e rejeitando a ideia de que os homens deveriam dominar as mulheres, a violência masculina contra a mulher irá continuar, assim como as outras formas de agressão nas relações íntimas. Para ajudar a acabar com a violência contra a mulher, as ativistas feministas optaram por criticar a ideologia da supremacia masculina, explicitando seus elos com essa violência. No entanto, os esforços para acabar com a violência masculina contra a mulher só serão bem-sucedidos se fizerem parte de uma luta maior para acabar com todas as formas de violência.

Atualmente, as ativistas feministas apoiam o desarmamento nuclear, ligando o militarismo ao patriarcado e mostrando a conexão entre eles. Assim como a análise da violência contra a mulher, a tendência dessas discussões é focar no apoio masculino à violência – um foco que limita nossa compreensão do problema. Muitas mulheres que advogam o feminismo veem no militarismo a exemplificação de conceitos patriarcais e do direito com que os homens se arrogam de dominar os outros. Para essas mulheres, combater o militarismo é combater o patriarcado e a violência masculina contra a mulher. Na introdução a um livro de ensaios publicado recentemente, *Ain't Nowhere We Can Run: A Handbook For Women on the Nuclear Mentality* (Não Existe Escapatória: Um Manual Para Mulheres Sobre a Mentalidade Nuclear), Susan Koen escreve:

> Acreditamos que a tirania criada pelos ativistas nucleares é meramente a última e a mais séria manifestação de uma cultura caracterizada em todas as esferas pela dominação e exploração. Por esse motivo, a presença da mentalidade nuclear no mundo só pode ser vista como parte de um todo, não como uma questão isolada. Conclamamos as pessoas para a conscientização de que

separar a questão das usinas e armas nucleares das perspectivas políticas, sociais e culturais dominantes de nossa sociedade resulta em uma compreensão limitada do problema, e desse modo limita o leque das soluções possíveis. Oferecemos, em contrapartida, o argumento de que aqueles construtos mentais definidos em termos masculinos que controlam nossas estruturas e relações sociais são diretamente responsáveis pela proliferação das armas e das usinas nucleares. O patriarcado é a raiz do problema e o risco iminente criado pela mentalidade nuclear nos ajuda a chamar a atenção para o problema fundamental do patriarcado.

Ao equacionar militarismo e patriarcado, as mulheres que defendem o feminismo geralmente estruturam seus argumentos de modo a sugerir que ser homem é sinônimo de força e agressão, bem como da vontade de dominar e cometer violência contra outros; ser mulher é sinônimo de fraqueza, passividade, e da vontade de nutrir e afirmar a vida de outras pessoas. Esse tipo de pensamento dualista é básico para todas as formas de dominação social na sociedade ocidental. Mesmo quando invertido e empregado para um propósito com sentido, como o desarmamento nuclear, continua a ser perigoso porque reforça a base cultural do sexismo e de outras formas de opressão de grupo. Promove uma noção estereotipada das diferenças entre homens e mulheres, supondo que as mulheres, em razão de seu sexo, não tiveram nenhuma relevância para o apoio e a defesa do imperialismo (e do militarismo que está a seu serviço) ou de outros sistemas de dominação. Ainda que se argumente que os homens foram ensinados a equiparar masculinidade com a capacidade de cometer violência e a mulher com a capacidade de nutrir, permanece o fato de que muitas mulheres e homens não se enquadram nesse estereótipo. Em vez de esclarecer para as mulheres o poder que exercemos na manutenção dos sistemas de dominação e buscar estratégias de resistência e mudança, a maior parte da discussão atual sobre feminismo e militarismo mistifica ainda mais o papel da mulher.

Ao se tornarem reféns das premissas da ideologia sexista, as mulheres aparecem nessas discussões mais como objetos do que como sujeitos. Somos descritas não como trabalhadoras e ativistas que, assim como os homens, fazem escolhas políticas, mas como observadoras passivas que nunca foram responsáveis pela manutenção do sistema de valores dessa sociedade, o qual, por sua vez, proclama que a violência e a dominação constituem as ferramentas mais efetivas da comunicação nas interações humanas, um sistema de valores que advoga e faz a guerra. Esse tipo de discussão sobre feminismo e militarismo, que não esclarece para a mulher o papel – não pouco relevante – que ela tem desempenhado nisso, faz parecer que todas as mulheres são a favor da paz e contra o uso da violência, e que os homens são o problema, o inimigo. Isso não é um esclarecimento ou uma redefinição, mas uma distorção da experiência da mulher. Desvalorizar o papel que as mulheres desempenham leva necessariamente a uma visão distorcida da realidade da mulher. Uso a palavra "desvalorizar", por me parecer que a sugestão de que os homens fizeram a guerra e a política da guerra, enquanto as mulheres apenas observavam passivamente, mostra a atitude de não querer enxergar a mulher como um ser politicamente ativo, inclusive quando estamos subordinadas aos homens. Pressupor que ser vista como inferior ou submissa necessariamente corresponde ao que a pessoa é ou ao modo como ela realmente se comporta é dar continuidade aos padrões sexistas que negam o poder relativo que as mulheres exerceram. Mesmo quando a mulher vota de acordo com a visão de seu marido, ela está exercendo uma escolha política. Precisamos ver as mulheres como seres políticos.

Um exemplo de percepção distorcida da realidade da mulher propagada por algumas ativistas que discutem as relações entre as mulheres e o militarismo é a suposição popular de que "as mulheres são inimigas naturais da guerra". Muitas ativistas antiguerra sugerem que as mulheres, por serem as principais responsáveis pelo cuidado com as crianças, estão necessariamente mais preocupadas com o fim da guerra do que os homens – o que implica que as mulheres se mostram mais a favor da vida que os homens. Leslie Cagan, em entrevista recente ao jornal *South End Press News*, confirma que as mulheres que atuam na campanha do desarmamento geralmente sugerem que, por criarem filhos, as mulheres "possuem uma relação especial com o futuro do planeta". Cagan defende que essa é uma "perspectiva perigosa" porque foca na biologia da mulher e "tende a reforçar a noção sexista de que ser mulher equivale a ser mãe". Ela explica:

> Pode parecer que algumas ou muitas mulheres se sintam atraídas pelo ativismo em razão da preocupação com seus filhos. Isso também pode ser verdade para alguns pais que não querem ver seus filhos serem exterminados numa guerra nuclear! Mas absolutamente não justifica uma perspectiva estreita e limitada. É limitada porque diz que a relação das mulheres com essa questão fundamental sobre o futuro de nosso planeta repousa sobre um mero fato biológico.

Nós que estamos preocupadas com a questão do feminismo e do militarismo temos de insistir que as mulheres (inclusive as que têm filhos) não são inerentemente não violentas e afirmadoras da vida. Muitas mães (solteiras ou casadas) têm ensinado seus filhos a ver a luta e outras formas de violência como modos adequados de comunicação, inclusive mais valiosos do que o amor e o cuidado. Embora as mulheres geralmente assumam papéis de nutrizes e defensoras da vida em suas relações, não necessariamente valorizam ou respeitam esses papéis tanto quanto reverenciam a contenção das emoções ou a afirmação de poder mediante o uso da força. Temos de insistir que mulheres (mesmo quando inspiradas pela maternidade) que resolvem denunciar a violência e a dominação, bem como sua expressão mais radical, a guerra, são pensadoras políticas tomando decisões e fazendo escolhas políticas.

Se as mulheres que lutam contra o militarismo continuarem a supor, direta ou indiretamente, a existência de uma predisposição natural das mulheres a se contrapor à guerra, correm o risco de reforçar o determinismo biológico, que é o fundamento filosófico por trás da ideia de supremacia masculina. Correm também o risco de encobrir o fato de que, nos Estados Unidos, muitas mulheres não são anti-imperialistas, nem contra o militarismo e nem se opõem ao uso da violência como uma forma de controle social. Enquanto essas mulheres não mudarem seus valores, precisam ser vistas como partidárias de uma abordagem das relações humanas que, como seus companheiros masculinos, abraça a dominação social em todas as suas diversas formas, e ser consideradas responsáveis por suas ações.

O imperialismo, e não o patriarcado, é o que está no coração do moderno militarismo (embora ele sirva ao interesse do primeiro, ao associar as ideias sobre masculinidade às lutas de conquista de nações e pessoas). No mundo, existem muitas sociedades regidas por homens que não são imperialistas; nos Estados Unidos, muitas mulheres tomaram a decisão de apoiar o imperialismo e o militarismo. Historicamente, mulheres brancas que nos Estados Unidos trabalham pelos direitos das mulheres não viram nenhuma contradição entre isso e seu apoio à tentativa imperialista de conquistar o planeta. Muitas vezes elas argumentam que direitos iguais para homens e mulheres abririam caminho para que as mulheres brancas ajudassem na construção dessa "grande nação", ou seja, na causa imperialista. Muitas mulheres a favor da libertação das mulheres na primeira metade do século XX foram pró-imperialismo.

Livros como *Western Women in Eastern Lands* (Mulheres Ocidentais em Terras Orientais), de Helen Montgomery, publicado em 1910, relatando cinquenta anos de trabalho de mulheres brancas em missões no estrangeiro, documenta o elo entre a luta pela libertação das mulheres brancas nos Estados Unidos e o imperialismo, a disseminação hegemônica dos valores ocidentais e da dominação do Ocidente sobre o globo. Como missionárias, as mulheres brancas viajaram para o Oriente munidas de armas psicológicas para minar o sistema de crenças das mulheres do Oriente e substituí--lo pelos valores ocidentais. No último parágrafo do livro, Helen Montgomery escreve:

> Tantas vozes nos chamam, tantos bens demandam nossa lealdade, que corremos o risco de esquecer o melhor. Em primeiro lugar, trazer o reino de Cristo para a terra, responder à necessidade que é a mais dura, sair pelo deserto atrás daquela ovelha amada e desgarrada que se perdeu do rebanho, partilhar todos os privilégios com os desprivilegiados e a felicidade com os infelizes, ver a possibilidade de uma terra redimida, não dividida, não segregada, não perplexa, repousando sob a luz do Espírito Santo, essa é a missão do movimento missionário das mulheres.

A despeito do fato de que o movimento feminista contemporâneo contra o imperialismo e o militarismo é liderado por mulheres brancas, elas são uma pequena minoria e não representam os valores da maioria das mulheres brancas dessa sociedade ou das mulheres como um todo. Nos Estados Unidos, muitas mulheres brancas continuam a apoiar com entusiasmo o militarismo. As ativistas feministas precisam ver essas mulheres como responsáveis pelas suas decisões políticas e também trabalhar para mudar as perspectivas delas. Evitamos esse desafio quando agimos como se os homens e o patriarcado fossem os únicos inimigos.

É uma verdade óbvia que os homens são os agentes majoritários das ações imperialistas no mundo, que são majoritários também na violência perpetrada nas guerras. No entanto, precisamos lembrar que, quando convocadas a participar desses combates em épocas de crise nacional, as mulheres se engajam e não necessariamente se contrapõem à guerra. E precisamos lembrar que a guerra não é feita somente de combates e que os esforços das mulheres em seus lares e longe do front também deram sua contribuição para as guerras. Ao final de seu ensaio "The Culture in Our Blood" (A Cultura em Nosso Sangue), que discute a participação das mulheres nos esforços de guerra, Patty Walton escreve:

> As mulheres só não lutaram nas guerras graças às nossas circunstâncias materiais, não porque temos um senso moral inato maior que o dos homens ou por conta de alguma limitação biológica de nossa parte. O trabalho das mulheres serve de apoio tanto para as guerras quanto para as atividades em prol da paz. E nosso apoio sempre foi decorrente de nossa forma particular de socialização enquanto mulheres. De fato, a socialização do homem e da mulher complementam as necessidades da nossa cultura. É preciso reconhecer isso porque precisamos mudar essas relações materiais e não apenas o sexo daqueles que criam os problemas do mundo. Os homens não são, por natureza, mais agressivos, nem as mulheres, mais passivas. Temos uma cultura da guerra, e podemos ter uma cultura da paz.

A divisão sexual do trabalho tem se dado da seguinte forma: as mulheres dão suporte aos esforços de guerra na medida em que educam as crianças para que estas aceitem e respeitem a violência como meio de controle social. Implantar essa ideologia nas consciências é tão central para a construção de um Estado militarista quanto o controle geral por parte dos homens por meio dos grupos masculinos dirigentes que insistem que os homens façam guerra, recompensando-os pelos seus esforços. Assim como os homens, as mulheres nos Estados Unidos adotam uma postura muito tolerante como testemunhas da violência, uma tolerância adquirida pela exposição excessiva à tevê. Para combater o militarismo temos de resistir à educação e à lavagem cerebral que nos levam a aceitar passivamente a violência em nosso cotidiano, que nos dizem que a violência pode ser eliminada com violência. As mulheres que são contra o militarismo precisam retirar o apoio que dão à guerra trabalhando para acabar com a aceitação passiva da violência como meio de controle social em nosso cotidiano.

Isso significa que não devemos mais agir como se os homens fossem os únicos responsáveis pelos atos de violência, os únicos a aceitar a violência, a criar a cultura da violência. Como mulheres, não podemos fugir da responsabilidade de reconhecer a contribuição das mulheres a essa cultura da violência. Apenas chamar a atenção para a violência masculina contra a mulher ou fazer do militarismo uma mera expressão da violência masculina não nos permitirá enfrentar adequadamente o problema da violência, dificultando o desenvolvimento de estratégias viáveis de resistência e solução. (Uma discussão ampla sobre o impacto do militarismo na vida das mulheres pode ser encontrada no trabalho de Cynthia Enloe, *Does Khaki Become You?* (A Cor Cáqui Fica Bem em Você?). Se por um lado não precisamos diminuir a gravidade do problema da violência masculina contra as mulheres e da violência masculina contra nações e o planeta como um todo, precisamos reconhecer que as mulheres e os homens construíram juntos, nos Estados Unidos, uma cultura da violência e juntos precisam trabalhar para transformar e recriar essa cultura. Mulheres e homens precisam se opor ao uso da violência como um meio de controle social em todas as suas manifestações: guerra, violência masculina contra a mulher, violência adulta contra crianças, violência dos jovens, violência racial etc. Com adesão em massa, um movimento assim poderia ser um catalisador do processo de conscientização da necessidade de se acabar com a dominação masculina sobre as mulheres, num contexto em que estamos trabalhando para erradicar a ideia de que estruturas hierárquicas deveriam ser a base das interações humanas.

"Encorajar a união política entre homens e mulheres a fim de resistir radicalmente à opressão sexista teria chamado a atenção para o potencial transformador do feminismo.

10

Parentalidade Revolucionária

Nos primeiros estágios do atual movimento de libertação das mulheres, as análises feministas sobre a maternidade refletiam o viés de raça e classe das participantes. Algumas mulheres de classe média e com ensino superior propuseram o argumento de que a maternidade constituía um sério obstáculo à libertação das mulheres, um mecanismo ardiloso destinado a confinar as mulheres em casa, mantendo-as prisioneiras de tarefas domésticas como limpar, cozinhar e cuidar de filhos. Outras simplesmente identificaram na maternidade e na criação dos filhos o *locus* da opressão da mulher. Se as mulheres negras tivessem expressado sua visão sobre a maternidade, esta certamente não teria sido definida como um sério obstáculo à nossa liberdade como mulheres. Racismo, falta de emprego, falta de habilidades ou de formação e várias outras questões estariam no topo da lista – menos a maternidade. As mulheres negras não diriam que a maternidade nos impede de ingressar no mercado de trabalho, porque sempre trabalhamos. Da escravidão aos dias de hoje, nos Estados Unidos, as mulheres negras têm trabalhado fora de casa, no campo, nas fábricas, nas lavanderias, nas casas alheias. Trabalhos que as remuneram muito mal e, quando não impediram, dificultaram o desenvolvimento de sua vida familiar. Historicamente, as mulheres negras têm visto o trabalho no contexto familiar como um labor que humaniza, que afirma sua identidade como mulheres, como seres humanos que expressam amor e carinho, justamente os gestos de humanidade que a ideologia supremacista branca havia acusado os negros de serem incapazes de expressar. Em contraste com o trabalho feito dentro de casa, num ambiente de cuidados, o trabalho fora de casa geralmente era visto como estressante, degradante e desumanizador.

Essas percepções sobre a maternidade e o trabalho fora de casa contrastam agudamente com as do movimento de libertação das mulheres. Em geral, as mulheres negras diziam: "Queremos ter mais tempo para desfrutar da família, queremos sair do mundo do trabalho alienado." As ativistas brancas do movimento de libertação das mulheres, por sua vez, se diziam "cansadas do isolamento doméstico, da relação com filhos e marido, da dependência emocional e econômica; queremos a liberdade para ingressar no mundo do trabalho". (É claro que essas vozes não pertencem às mulheres brancas da classe trabalhadora, que, assim como as mulheres negras, viviam cansadas do trabalho alienado.) As ativistas que almejavam entrar no mundo do trabalho não o viam sob o prisma da alienação. Hoje o fazem. No decorrer dos últimos vinte anos, muitas mulheres brancas de classe média ingressaram na força de trabalho e descobriram que trabalhar num contexto social em que o sexismo ainda é a norma, em que inveja, desconfiança, antagonismo e malícia contaminam as relações no trabalho por conta da excessiva competição entre as pessoas, que tudo isso torna o trabalho estressante, frustrante e não raro uma fonte de completa insatisfação. Já as mulheres que se sentem mais felizes com seus empregos acabam se ressentindo da falta de tempo para buscar outras formas de satisfação na vida. Se o trabalho pode ajudar as mulheres a adquirir algum grau de independência financeira ou mesmo de total autossuficiência, para a maioria das mulheres, ele não atende adequadamente às suas necessidades de realização como seres humanos. Em consequência, a busca das mulheres por um trabalho realizado num ambiente de cuidados tem levado a uma nova ênfase no que tange à importância da família e dos aspectos positivos da maternidade. A isso soma-se o fato de que muitas mulheres ativas no movimento feminista com idade entre 35 e 40 anos, portanto, no limite biológico para engravidar, passaram a dar mais atenção à maternidade. Com isso, muitas feministas que se interessavam pela questão do cuidado parental optaram por ter filhos.

Embora as feministas no começo exigissem respeito e reconhecimento pelo trabalho doméstico e pela criação dos filhos, elas não atribuíam muita relevância e valor à parentalidade feminina, à maternidade. Isso foi um erro. O ataque das primeiras feministas à maternidade alienou uma grande massa de mulheres do movimento, especialmente as mulheres pobres e/ou não brancas, para quem a parentalidade era uma das poucas relações em que se sentiam afirmadas e apreciadas. Infelizmente, o atual foco positivo na maternidade se apoia muito em estereótipos sexistas. A maternidade é romantizada por algumas ativistas feministas de hoje, assim como no século XIX homens e mulheres exaltavam e cultuavam as "virtudes domésticas". Uma diferença importante é que a maternidade não é mais vista primordialmente pela óptica do casamento e das relações heterossexuais. Mais do que nunca, mulheres que não possuem relações estáveis com homens, lésbicas ou não, estão optando por ter filhos. Apesar das dificuldades, especialmente econômicas, de criar filhos sem um cônjuge, o foco são as "alegrias da maternidade", a intimidade especial e a união que supostamente caracterizam a relação mãe e filho. Livros como o de Phyllis Chesler, *With Child: A Diary of Motherhood* (Com o Filho: Um Diário da Maternidade), discorrem de forma rapsódica sobre as alegrias e prazeres da gravidez e da criação de filhos. Textos mais acadêmicos e sérios, como *The Future of Motherhood* (O Futuro da Maternidade), de Jessie Bernard, *Mother Love* (Amor de Mãe), de Elisabeth Badinter, *My Mother/My Self* (Minha Mãe/Eu Mesma), de Nancy Friday, e *The Reproduction of Mothering* (A Reprodução da Maternidade), de Nancy Chodorow, refletem essa crescente preocupação com a questão da maternidade.

O ressurgimento do interesse pela maternidade tem implicações positivas e negativas para o movimento feminista. Do lado positivo, há uma necessidade contínua de estudos e pesquisas sobre a parentalidade feminina, que esse interesse promove e incentiva. No prefácio a *Of Woman Born* (Nascido de Mulher), Adrienne Rich afirma que sentiu a necessidade de escrever um livro sobre a maternidade por ser essa uma "área crucial, e ainda pouquíssimo explorada, para a teoria feminista". Outro aspecto positivo é que as mulheres que escolheram ter filhos não precisam mais temer que, por conta dessa escolha, fiquem sem representatividade no movimento feminista, embora isso possa excluí-las de uma participação mais ativa. Pelo lado negativo, ao romantizar a maternidade, ao empregar a mesma terminologia sexista usada para sugerir que as mulheres são nutrizes naturais a favor da vida, as ativistas feministas reforçam os principais pilares da ideologia supremacista masculina. Isso implica que a maternidade é a vocação mais verdadeira da mulher; que as mulheres que não são mães, cujas vidas podem ficar mais exclusivamente focadas na carreira, no trabalho criativo ou político, estão erradas, pois estão condenadas a viver vidas frustradas no plano emocional. Se por um lado não atacam nem difamam abertamente as mulheres que não têm filhos, por outro, seguindo o que faz a sociedade como um todo, sugerem que ter filhos é *mais* importante e recompensador para uma mulher do que qualquer outra coisa. Elas poderiam apenas afirmar que é importante e recompensador. De modo sintomático, essa perspectiva foi muito vocalizada por mulheres brancas, burguesas e bem-sucedidas em suas carreiras, mas que agora estão escolhendo ter filhos. Elas parecem estar dizendo para a massa das mulheres que carreira e trabalho nunca podem ser tão importantes, tão gratificantes, quanto ter filhos.

Essa é uma linha de pensamento especialmente perigosa, que surge numa época em que adolescentes do sexo feminino e que ainda não realizaram muitas metas têm filhos precocemente, quando as mulheres são acusadas pelo governo de destruírem a família por não quererem assumir o papel que a cultura sexista atribuiu para elas. Por intermédio da grande mídia e de outros sistemas de comunicação, as mulheres atualmente estão sendo bombardeadas com matérias estimulando-as a ter filhos. Nos jornais vemos manchetes como "a maternidade está de volta"; revistas de moda falam sobre roupas especialmente desenhadas para as gestantes; nos programas de televisão, vemos mulheres com carreira falando sobre sua decisão de agora se dedicar à maternidade. Desse modo, quando mulheres com filhos estão mais sujeitas a viver na pobreza, quando o número de crianças sem casa e sem pais cresce diariamente, quando as mulheres continuam a assumir a total responsabilidade pela criação dos filhos, esse tipo de propaganda solapa e ameaça o movimento feminista.

De certo modo, a romantização da maternidade por parte das mulheres brancas e burguesas é uma tentativa de reparar os danos causados pela crítica feminista do passado e dar às mulheres que se tornam mães o respeito que merecem. É importante notar que essa crítica, mesmo em seus momentos mais exacerbados, não se compara com o sexismo enquanto fonte de exploração e humilhação para as mães. A parentalidade feminina é um trabalho relevante e valioso que precisa ser reconhecido como tal por qualquer pessoa, incluindo as ativistas feministas. Ela deveria ser reconhecida, louvada e celebrada dentro de um contexto feminista em que se conta com o renovado esforço para repensar a natureza da maternidade; para fazer com que a maternidade não seja para as mulheres nem uma experiência compulsória, nem uma fonte de exploração e opressão; para tornar a parentalidade feminina algo bom e efetivo, quer seja realizada em conjunto com um parceiro, quer seja feita exclusivamente pela mulher.

Num artigo recente, "Bringing Up Baby" (Criando um Bebê), Mary Ellen Schoonmaker frisou a questão bastante sabida de que os homens não dividem a parentalidade de modo equânime:

Desde os primeiros dias da ambivalência em relação à maternidade, o objetivo geral do movimento das mulheres tem sido a busca pela igualdade – remover a opressão da ocupação materna, ligar essa ocupação à parentalidade, e, para aquelas mulheres que optam por ter filhos, poder dividir essa atividade com os homens e com a sociedade em geral. Ao olharmos para os últimos vinte anos, parece que esses objetivos estão entre os mais difíceis de serem alcançados pelo movimento das mulheres.

Se os homens partilhassem a criação dos filhos, isso significaria que trocariam, de vez em quando, de lugar com as mulheres. Muitos homens acharam mais fácil dividir o poder no trabalho do que em casa. Ainda que muitas mulheres com bebês e lactantes agora trabalhem fora, muitas mulheres ainda fazem o grosso do trabalho doméstico.

Os homens só dividirão a parentalidade de maneira equitativa quando forem ensinados, de preferência desde a infância, que a paternidade é tão importante quanto a maternidade, que ambos possuem o mesmo significado. Enquanto as mulheres e a sociedade em geral enxergarem a relação entre mãe e filho como uma relação única e especial pelo fato de ser a mulher quem carrega o bebê na barriga e dá à luz, a responsabilidade pela criação e pelo cuidado parental continuará sendo primordialmente dela. Até as mulheres sem filhos são consideradas mais aptas para cuidar de uma criança do que um pai, pois essa seria supostamente nossa vocação natural. A experiência biológica da gravidez e do parto, dolorosa ou prazerosa, não deveria ser usada para corroborar a ideia de que a parentalidade feminina é necessariamente superior à dos homens.

No dicionário, a definição da palavra "pai" relaciona o seu sentido à aceitação de responsabilidade, sem mencionar palavras como "ternura" e "afeto", normalmente mencionadas na definição da palavra "mãe". Ao transferir para a mulher a total responsabilidade pela nutrição – e isso significa satisfazer as necessidades materiais e emocionais das crianças –, a sociedade reforça a ideia de que a mãe é mais importante que o pai. Embutida na definição e no uso dos termos "pai" e "mãe" está a ideia de que essas duas palavras se referem a experiências bem distintas. Mulheres e homens precisam definir o trabalho de pai e de mãe como se homens e mulheres tivessem a mesma responsabilidade pela parentalidade. Mesmo as teorias feministas que enfatizam a necessidade de os homens dividirem meio a meio com as mulheres o cuidado parental das crianças relutam em deixar de conferir valor especial ao cuidado materno. Isso ilustra não apenas a propensão feminista a glorificar a experiência psicológica da maternidade, mas também sua dificuldade para admitir que a maternidade constitui um campo social em que as mulheres exercem poder e controle.

As mulheres e a sociedade como um todo geralmente consideram o pai que divide de maneira equitativa a parentalidade um caso único e especial, e não a representação do que deveria ser a norma. Esse homem é visto como se estivesse assumindo um papel "maternal". Ao descrever os homens que desempenham atividade parental, Elisabeth Badinter comenta em seu trabalho *Mother Love*:

> Sob a pressão exercida pelas mulheres, os novos pais agem como mães segundo a imagem tradicional da mãe. Ele se arrasta, como outra mãe, entre a mãe e o filho, o qual experimenta de forma quase indistinta um contato tão íntimo com o pai quanto com a mãe. Basta ver as inúmeras fotografias nas revistas de hoje mostrando os pais aninhando nos braços seus bebês. No rosto desses pais pode-se ver o reflexo da ternura tipicamente maternal que não choca ninguém. Após séculos de autoridade paternal ou ausência, parece que um novo conceito entrou em cena – o amor paterno, o exato equivalente do amor materno. Se é óbvio que as mulheres que desempenham a parentalidade seriam o modelo no qual os pais se espelhariam, também é certo que esses homens estão se tornando *experts* na parentalidade, pais efetivamente. Não estão se tornando mães.

Outro exemplo dessa tendência aparece no final do ensaio de Sara Ruddick, "Maternal Thinking" (Pensamento Maternal). Ela vislumbra uma época em que os homens dividirão de maneira equitativa com as mulheres a criação de seus filhos. Nas suas palavras:

> Nesse dia não haverá mais nenhum "pai", ninguém, homem ou mulher, com poder para determinar a vida dos filhos e autoridade moral no mundo dos filhos, apesar da atenção amorosa que será exercida. Haverá mães de ambos os sexos que vivem com base num pensamento maternal transformado em comunidades partilhando o cuidado parental – de modo prático, emocional, econômico e social. Essas comunidades terão aprendido de suas mães a valorizarem a vida de seus filhos.

Nesse parágrafo, como ao longo de todo o ensaio, Ruddick romantiza a ideia de "maternal" e sublinha a transformação dos homens em figuras "maternais", uma visão que parece distorcida. Uma vez que o termo "maternal" está associado ao comportamento da mulher, os homens não irão se identificar com ele, embora venham a se comportar de um modo que tradicionalmente é visto como "feminino". Boas intenções não mudarão o conceito de maternal em nossa sociedade. Dizer a um menino que trata de seus bonecos com carinho que ele está sendo maternal não mudará a ideia de que as mulheres são mais aptas que os homens a desempenhar a atividade parental; ao contrário, irá reforçá-la. Dizer a um menino que ele está se comportando como um bom pai (assim como se diz às meninas que cuidam bem de suas bonecas que elas agem como uma boa mãe) irá desenvolver nele uma visão de que a parentalidade efetiva, a paternidade, é o mesmo que a maternidade.

Ver os homens que desempenham a atividade parental de forma efetiva como "maternais" reforça o estereótipo sexista de que as mulheres são inerentemente melhores na parentalidade; que os homens que se destacam nesse comportamento são uma imitação das mulheres. Deveria haver um conceito de parentalidade que não fizesse distinção entre o cuidado materno e o paterno. O modelo de parentalidade que inclui o tipo de atenção amorosa descrito por

Ruddick tem sido aplicado apenas às mulheres e vem impedindo os pais de aprenderem a atuar parentalmente. A eles só é permitido conceber o papel do pai em termos do exercício da autoridade e do atendimento às necessidades materiais. Eles são ensinados a pensar em seu papel como secundário em relação ao da mãe. Até que os homens sejam ensinados a atuar parentalmente de acordo com o modelo ensinado às mulheres, eles não vão assumir uma participação mais efetiva no cuidado com os filhos. Podem até achar que não devem participar tanto, já que foram ensinados a crer que não possuem talento para cuidar de crianças.

Os homens foram educados para evitar a assumir a responsabilidade pelo cuidado parental, e essa atitude conta com o apoio das mulheres que acreditam que a maternidade é a esfera de poder que elas perderiam se os homens participassem dela. Muitas dessas mulheres não desejam dividir de maneira equitativa os cuidados parentais com os homens. Nos círculos feministas, muitas vezes perde-se de vista o fato de que a massa das mulheres nos Estados Unidos ainda acredita que os homens não podem ter uma atuação parental efetiva e que elas nem deveriam tentar mudar isso. Enquanto as mulheres não entenderem que os homens não só podem como devem ter uma maior atuação parental, uma atuação consistente, elas não irão esperar que os homens com quem dividem a vida participem do cuidado parental tanto quanto elas. E mesmo que esperem, é improvável que os homens respondam com entusiasmo. As pessoas precisam saber do impacto negativo que essa ausência masculina produz nas relações familiares e no desenvolvimento da criança.

Quando as feministas tentam mostrar aos homens o que eles perdem quando não participam da parentalidade, elas tendem a se voltar para as classes burguesas. Pouco é feito para se discutir a parentalidade masculina e não sexista com pessoas pobres e operárias. De fato, o tipo de cuidado maternal que Ruddick evoca em seu ensaio, com sua enorme ênfase na atenção dada às crianças pelos pais, especialmente pelas mães, é uma forma de cuidado parental que é difícil para aquelas pessoas que chegam esgotadas em casa após um dia inteiro de trabalho. Quando se vive em luta pela sobrevivência, e isso vale para homens e mulheres, é muito difícil dar uma atenção especial à parentalidade. A luta dessas pessoas contrasta agudamente com a estrutura familiar da burguesia. Em relação às pessoas brancas que vivem nessa condição, é legítimo supor que são mais bem informadas sobre os efeitos positivos da participação masculina na parentalidade, que possuem mais tempo para exercer essa atividade e não viver em constante aflição com a questão do bem-estar material. A situação também é difícil para mulheres solteiras que fazem verdadeiro malabarismo para dar conta das demandas do trabalho e da criação dos filhos.

As teóricas feministas têm apontado para os problemas que surgem quando a parentalidade é feita exclusivamente por um indivíduo ou só por mulheres. Nesse segundo caso, a criança cresce sem a referência de uma parentalidade masculina, o que contribui para perpetuar a ideia de que essa atividade é uma vocação das mulheres, além de reforçar nos homens o comportamento de dominação e medo em relação a elas. Mas esta não tem sido uma preocupação da sociedade. Tal informação tem pouco impacto numa época em que os homens, mais do que nunca, evitam a responsabilidade pelo cuidado parental, enquanto as mulheres vivem sobrecarregadas de trabalho e tendo de cuidar de seus filhos muitas vezes sem a ajuda de um companheiro. Esses fatos levantam duas questões que precisam estar no centro da reflexão do movimento feminista do futuro: o direito das crianças a um cuidado parental efetivo, assumido ou pelos pais e mães ou por outros cuidadores, e a reestruturação da sociedade a fim de que as mulheres não sejam as únicas provedoras desse cuidado.

A eliminação do sexismo é a solução para o problema da participação desigual dos homens – ou da total ausência de participação – na criação dos filhos. Assim, é preciso que um maior número de mulheres e homens reconheça a necessidade de apoiar e integrar o movimento feminista. Uma grande quantidade de mulheres continua a achar que deve ficar à frente da criação dos filhos – nunca é demais enfatizar esse ponto. Os esforços feministas para ajudar as mulheres a desaprender essa educação sexista poderiam motivar os homens a buscar uma participação igualitária na parentalidade. Fazer e distribuir brochuras nos centros de saúde das mulheres e em outros lugares públicos chamando a atenção para a importância de homens e mulheres dividirem de maneira equitativa a parentalidade é uma forma de tornar as pessoas mais conscientes dessa necessidade. Seminários enfatizando a parentalidade não sexista e acompanhando a parentalidade de homens e mulheres em comunidades locais constituem outro caminho para levar esse tema até às pessoas. Antes de as mulheres engravidarem, elas precisam entender que é importante que os homens participem de maneira equitativa da parentalidade. Algumas mulheres que consideram a possibilidade de ter filhos com o homem com quem mantêm uma relação desistem da ideia porque o parceiro demonstra que não irá assumir qualquer responsabilidade pela criação dos filhos. Essas mulheres sentem que sua decisão de não ter filhos com homens que se recusam a dividir a parentalidade é uma atitude política que reforça a importância de uma participação igualitária na parentalidade e a necessidade de acabar com a dominação das mulheres por parte dos homens. Precisamos ouvir mais essas mulheres falarem sobre suas escolhas. Também existem mulheres que engravidam de homens que elas sabem de antemão que não serão muito presentes nos cuidados parentais. É importante para os estudos futuros da parentalidade feminina entender essas escolhas.

As mulheres precisam entender que é importante discutir esse assunto com os homens antes de terem filhos. Alguns homens e algumas mulheres têm até feito contratos legais ou simples acordos formais especificando as responsabilidades de cada um. Algumas mulheres descobriram que certos homens até apoiam verbalmente a ideia da parentalidade compartilhada antes do nascimento da criança, mas muitos não cumprem a promessa depois que o filho nasce. Acordos por escrito podem ajudar a clarear a situação ao exigir que cada indivíduo discuta o que sente a respeito do cuidado parental, sobre a divisão das responsabilidades etc. A maior parte dos homens e das mulheres não discute a natureza do cuidado parental antes do nascimento das crianças, pelo simples fato de que se pressupõe que as mulheres serão as cuidadoras.

Embora seja importante que os homens dividam de maneira equitativa com as mulheres a parentalidade, sabe-se que muitas mulheres não se relacionam com os homens com os quais tiveram filhos. Em alguns casos, isso reflete a falta de preocupação dos homens com a parentalidade ou então a escolha das mulheres. Algumas mulheres não consideram importante que seus filhos experimentem o cuidado e a atenção parental masculina. Nas comunidades negras, não é incomum que uma mãe solo precise da ajuda de parentes e amigos do sexo masculino no cuidado parental. À medida que um maior número de mulheres, heterossexuais ou não, escolher ter filhos sem viver relações estáveis, será cada vez maior a necessidade de um cuidado parental de base comunitária que possa colocar as crianças em contato com cuidadores masculinos, pois assim elas não crescerão achando que a atividade parental é exclusividade das mulheres. O cuidador não precisa ser um parente. Em nossa cultura, os cuidadores geralmente são professores, bibliotecários etc., e ainda que essas ocupações tenham sido tradicionalmente protagonizadas pelas mulheres, isso vem mudando. Nesses contextos, as crianças podem experimentar o cuidado masculino. Algumas mulheres que criam seus filhos sem a participação recíproca do pai se sentem prejudicadas em sua condição de mãe quando deparam com pais que podem oferecer bons momentos aos filhos, mas que no dia a dia são totalmente ausentes. Às vezes elas precisam lidar com o fato de que, por conta da ideologia sexista, os filhos acabam valorizando mais a atenção paterna do que sua dedicação e cuidados. Essas mulheres precisam saber que ensinar seus filhos a cultivar valores não sexistas poderia ajudá-los a apreciar a atividade feminina e a erradicar um tipo de favoritismo baseado apenas em padrões sexistas. Como as mulheres desempenham a maior parte das atividades parentais, a necessidade de creches públicas com profissionais de ambos os sexos em quantidades iguais e sem viés sexista continua a ser uma reivindicação feminista importante. Essas creches aliviariam a situação das mulheres que cuidam sozinhas de seus filhos e ajudaria a promover a consciência da necessidade de participação masculina nesses cuidados. Mas essa é uma causa que ainda carece do apoio das massas. As organizações feministas do futuro (especialmente no interesse da construção de um movimento feminista de massa) poderia usar essa causa como uma plataforma. As ativistas feministas sempre enxergaram nas creches públicas uma solução para o problema da sobrecarga de cuidados parentais que recai sobre as mulheres. Ao comentar sobre a necessidade dessas creches públicas em seu artigo "Bring Up Baby" (Criando um Bebê), Schoonmaker escreve:

> Tal como os cuidados parentais fora de casa, o conceito aparentemente simples proposto pelo movimento das mulheres de acesso a um cuidado diário confiável e de qualidade tem se mostrado por demais vago. Se os serviços de uma creche privada, geralmente com preços inflados, aumentaram consideravelmente para atender às necessidades da classe média, a situação das creches públicas continua ultrajante. O Children's Defense Fund, um grupo de apoio à infância e de *lobby* em Washington DC, informa que cerca de seis a sete milhões de crianças, inclusive em idade pré-escolar, são deixadas em casa sozinhas enquanto os pais trabalham, pois não podem arcar com os custos de uma creche.

A maior parte das creches, provendo as necessidades quer da classe trabalhadora quer da burguesia, não pode ser considerada não sexista. Enquanto as crianças não começarem a aprender desde muito cedo que distinções de papéis com base no sexo não são importantes, elas continuarão a crescer achando que as crianças deveriam ficar, prioritariamente, sob os cuidados das mulheres.

Muitas pessoas se opõem à ideia de creches públicas porque acham que isso é uma forma de as mulheres se furtarem às suas obrigações parentais. Mas essas pessoas precisam saber que a parentalidade isolada que essas mulheres desempenham não é boa nem para as crianças nem para as mulheres. Elizabeth Janeway aponta para isso em seu livro *Cross Sections* (Partes Cruzadas), enfatizando que a ideia de uma única pessoa como responsável pelos cuidados parentais é o padrão de parentalidade mais incomum em todo o mundo, um padrão condenado ao fracasso na medida em que isola da sociedade as crianças e os que cuidam dela:

> A que ponto chega esse isolamento hoje em dia é o que aponta um estudo feito pelo Conselho de Educação de Massachusetts. [...] Os pesquisadores descobriram:
>
> 1. O isolamento por excesso de dedicação ao trabalho do provedor familiar com relação à esposa e os filhos.
> 2. O isolamento complementar das crianças do universo ocupacional dos pais e de outros adultos.
> 3. O isolamento geral das crianças de pessoas de idades diferentes, sejam adultos ou outras crianças.
> 4. O isolamento residencial da família como um todo, perdendo contato com pessoas de outros contextos sociais, étnicos, religiosos e raciais.
> 5. O isolamento dos membros da família também em relação a parentes e vizinhos.

Esse isolamento demonstra que o papel da família como agente no processo de socialização e formação das crianças não tem sido desempenhado de forma adequada, quer as mães trabalhem fora, quer não. As crianças agora estão crescendo sem uma variedade de referências adultas de ambos os sexos e na ignorância do mundo do trabalho remunerado. Mesmo se as mulheres retornassem a uma vida centrada no lar e na família, a perda de conexão entre a família e a comunidade não seria resolvida. Os esforços mobilizados pelo movimento das mulheres em prol das creches públicas não visam transferir para terceiros as obrigações maternas, mas antes envolver a comunidade no apoio suplementar às tarefas que cabem essencialmente aos pais, tal como costumava ocorrer no passado.

A melhor forma de vencer esse isolamento familiar seria pela criação de pequenas creches públicas fixadas nas comunidades locais. Quando os pais precisam dirigir longas distâncias todos os dias para entregar seus filhos a um cuidador, a carga de obrigações dos pais não diminui, mas aumenta. Creches comunitárias poderiam dar às crianças pequenas um grande controle sobre suas vidas.

O cuidado infantil é uma responsabilidade que pode ser partilhada com outros cuidadores, com pessoas que não vivem com crianças. Esse tipo de parentalidade é revolucionário nessa sociedade porque ocorre em oposição à ideia de que os agentes parentais, especialmente as mães, deveriam ser os únicos cuidadores. Muita gente que cresceu em comunidades negras passou por esse tipo de cuidado comunitário. As mulheres negras que tinham de deixar sua casa e trabalhar pelo sustento de suas famílias não podiam colocar suas crianças numa creche (e, dependendo da época, as creches nem existiam). Contavam com a ajuda de pessoas da comunidade. Mesmo naquelas famílias em que a mãe ficava em casa, podia-se contar com essa ajuda. As mães não precisavam estar todas as vezes com seus filhos no parque, porque sempre havia pessoas da vizinhança para vigiá-las. Pessoas que não tinham filhos geralmente se dispunham a ajudar as que tinham. Eu mesma cresci numa família com sete crianças e nossos pais, naturalmente, não tinham condições de nos observar o tempo todo ou mesmo de dar aquela atenção individual especial que toda criança às vezes deseja. Essas necessidades eram atendidas amiúde por vizinhos e pessoas da comunidade.

Esse tipo de responsabilidade compartilhada nos cuidados infantis pode ocorrer em pequenas comunidades em que as pessoas se conhecem e confiam umas nas outras. Só não ocorre se os pais enxergarem seus filhos como suas "propriedades" ou "posses". Muitos pais não querem que seus filhos desenvolvam laços de cuidado com terceiros, nem mesmo com outras pessoas da família. Havendo creches comunitárias, é muito mais provável que as crianças desenvolvam vínculos de amizade e cuidados com outros adultos, além dos pais. Esse tipo de relação não se forma naquelas creches em que uma única tia tem de tomar conta de um grande número de crianças, em que as professoras só são vistas no contexto da própria creche. Qualquer criança que cresceu num ambiente de cuidados parentais comunitários sabe que isso acontece apenas se os pais puderem aceitar que outros adultos assumam o papel de cuidador de crianças. Por um lado, isso cria uma situação em que as crianças precisam respeitar vários cuidadores, por outro, cria recursos extras para os quais elas podem se voltar quando suas necessidades emocionais, intelectuais e materiais não são atendidas pelos pais. Geralmente, nas comunidades negras onde ocorre o cuidado parental compartilhado, mulheres e homens mais velhos participam. Hoje, muitas crianças não possuem contato com os idosos. Outro risco que pais solteiros ou que vivem fechados no núcleo familiar correm, e que é evitado quando existe cuidado parental comunitário, é a tendência dos pais a um excesso de investimento emocional em seus filhos. Esse é o tipo de problema que acomete sobretudo as pessoas que escolheram ter filhos após passarem anos achando que não teriam. Elas podem transformar os filhos em "objetos do amor" e não se interessar em ensiná-los a se relacionar com as demais pessoas. Esse problema diz respeito a todos os pais, mães e cuidadores, ligados ou não ao movimento feminista.

A princípio, o movimento de libertação das mulheres achou que a necessidade de controle populacional associada à consciência sobre o consumo dos recursos do planeta eram razões políticas suficientes para não se ter filhos. Essas razões não mudaram, ainda que agora sejam ignoradas ou descartadas. Na verdade, se a ênfase fosse menos em ter seu "próprio" filho do que em cuidar de crianças que já nasceram e que necessitam de cuidados, haveria um grande número de mulheres e homens responsáveis para dividir esse processo de cuidado parental. Lucia Valeska apoiou essa causa num ensaio publicado em 1975 intitulado "If All Else Fails, I'm Still a Mother" (Se Tudo o Mais Falhar, Ainda Sou Mãe):

> Hoje é uma irresponsabilidade política e pessoal ter um filho biológico. Se você tem saúde, força, energia e boas condições financeiras para oferecer a uma criança, faça isso. Então quem terá filhos? Se as pessoas que não têm filhos se dedicarem a cuidar de crianças que já existem, mais do que nunca as pessoas "terão" filhos. A linha divisória entre as mães biológicas e as não biológicas começará a desaparecer. Estaríamos correndo o risco de uma redução drástica da população? Está brincando?
>
> Agora mesmo em sua comunidade existem milhares de crianças e mães que necessitam desesperadamente de apoio individual e comunitário.

Algumas pessoas que optam por não ter filhos se esforçam para participar de cuidados parentais. No entanto, como muitos pais, a maior parte das pessoas sem filhos acredita que não teria interesse em cuidar de uma criança até que tivesse seu "próprio" filho. Pessoas sem filhos que buscam colaborar com o cuidado parental enfrentam a suspeita e a resistência de pessoas que não compreendem seu interesse, que acham que pessoas sem filhos não gostam de crianças. Essa desconfiança é maior em relação àquelas pessoas que se dispõem a ajudar no cuidado parental sem cobrar nada por isso. Numa época em que meu cônjuge e eu estávamos nos empenhando firmemente para participar de cuidados parentais, trazíamos crianças para ficar em nossa casa por um pequeno período de tempo, de modo que os pais, geralmente mães solo, pudessem ter um descanso, e nós, um pouco de companhia infantil. Quando explicávamos o princípio por trás de nossas ações, as pessoas geralmente ficavam surpresas e solidárias, mas também desconfiadas. Acredito que a desconfiança provinha do fato de esse tipo de iniciativa não ser comum. As dificuldades que enfrentávamos nos faziam aceitar uma vida em que nossa interação com crianças era menor do que gostaríamos, o que geralmente é o caso quando se trata de pessoas sem filhos. Esse isolamento em relação ao universo infantil tem motivado muitas feministas a ter filhos.

Mas para que essa responsabilidade partilhada no cuidado parental possa vir a existir e assim aliviar o fardo das mulheres que se responsabilizam sozinhas pela criação de seus filhos, é preciso que haja uma mudança de consciência por parte dos homens e das mulheres. Todos devem estar dispostos a aceitar que a parentalidade isolada exercida por mulheres ou homens não é a melhor forma de cuidar de crianças e de ser feliz como mãe ou pai. E como as mulheres exercem a maior parte da parentalidade em nossa sociedade, não havendo sinais de que essa situação irá mudar nos próximos anos, é preciso uma reorganização feminista em torno da questão do cuidado infantil. É preciso não estigmatizar os pais solteiros, mas enfatizar a necessidade de uma parentalidade coletiva. As mulheres de toda parte dos Estados Unidos precisam se unir a fim de exigir que o dinheiro dos impostos gastos com a corrida armamentista e outras finalidades militaristas seja usado para melhorar a qualidade da parentalidade e o cuidado infantil em nossa sociedade. As teóricas feministas que frisam as dificuldades das mães solo, que destacam a necessidade de uma divisão igualitária entre homens e mulheres nos cuidados parentais, geralmente vivem em famílias em que o pai é presente. Isso faz com que elas ignorem o fato de que esse tipo de parentalidade não é uma opção para muitas mulheres (embora possa ser a melhor base de apoio social para se criar um filho). Essa estrutura social podia se tornar acessível em creches e escolas públicas fixadas nas comunidades locais, com homens e mulheres partilhando de maneira equitativa dos cuidados infantis. Mais do que nunca, há uma grande necessidade de que homens e mulheres se organizem em torno da questão dos cuidados infantis, a fim de garantir que as crianças crescerão na melhor estrutura de apoio social possível e que as mulheres não serão as únicas ou as principais cuidadoras de crianças.

é preciso que haja uma mudança
de consciência por parte dos homens
e das mulheres. Todos devem estar
dispostos a aceitar que a parentalidade
isolada exercida por mulheres ou homens
não é a melhor forma de cuidar
de crianças e de ser feliz
como mãe ou pai.

11

Pondo Fim à Opressão Sexual Contra a Mulher

Durante os primeiros estágios do movimento feminista contemporâneo, a libertação das mulheres muitas vezes foi equiparada à libertação sexual. Na capa de *The Female Eunuch* (A Mulher-Eunuco), de Germaine Greer (uma das obras feministas mais lidas na década de 1970), o livro é descrito como "a última palavra em termos de liberdade sexual". Na quarta capa, Greer é descrita como "uma mulher com um senso de humor próprio de quem tem orgulho de sua sexualidade". (Já seu livro *Sex and Destiny* é uma reflexão interessante sobre as políticas da fertilidade que põem em xeque diversas ideias referentes à liberdade sexual das mulheres defendidas pela autora em sua primeira obra.) Pensadoras feministas como Greer acreditavam que afirmar a primazia da sexualidade era um gesto libertador. Elas conclamavam as mulheres a explorar a sexualidade, a desfrutar do sexo, experimentando novas relações e assim se tornando sexualmente "livres". E, no entanto, a maior parte das mulheres não possui o tempo, a mobilidade, os contatos ou mesmo o desejo de se engajar nessa chamada "libertação sexual". Mulheres jovens heterossexuais, solteiras e sem filhos; adolescentes e universitárias; militantes de políticas progressistas: tais eram os grupos mais dispostos e aptos a estabelecer seu comportamento sexual de acordo com o que era essencialmente uma inversão da noção masculina de libertação sexual. Advogar uma genuína liberdade sexual foi positivo, e as mulheres se lançaram no prazer da liberdade para iniciar uma relação sexual, romper com a monogamia, experimentar o sexo grupal, o sadomasoquismo etc. Porém, nada disso é capaz de desconstruir as relações de poder entre homens e mulheres na esfera sexual. Muitas mulheres se desiludiram com a ideia da libertação sexual. Enquanto algumas adeptas do feminismo continuaram a enfatizar a importância da liberdade sexual, rejeitando a ideia de se adotar padrões masculinos, um grande contingente de mulheres heterossexuais e lésbicas começou a denunciar a ideia da liberdade sexual e até mesmo do contato sexual com homens, alegando sentir que as mulheres continuavam a ser exploradas pelos velhos paradigmas sexuais. Cada vez mais essas feministas passaram a ver a sexualidade masculina como repugnante e necessariamente ligada à exploração das mulheres.

Mas ainda é um ponto controverso e muito debatido o de se a liberdade sexual deveria realmente estar na pauta das questões feministas. (Depois que este capítulo foi escrito surgiu uma série de novos escritos feministas sobre sexualidade, incluindo *Loving in the War Years* [Amando nos Anos da Guerra], de Cherrie Moraga; *Powers of Desire* [Poderes do Desejo], organizado por Ann Snitow, Christine Stansell e Sharon Thompson; *Female Desire* [Desejo Feminino], de Rosalind Coward; e *Sex and Love* [Sexo e Amor], organizado por Sue Cartledge e Joanna Ryan; dentre outros.) Na conclusão de seu ensaio "Sexuality as the Mainstay of Identity: Psychoanalytic Perspectives" (Sexualidade Como o Núcleo da Identidade: Perspectivas Psicanalíticas), Ethel Person escreve:

> Em suma, pois, a libertação sexual, ainda que importante e mesmo crucial para alguns indivíduos, possui limitações importantes enquanto crítica social e proposta política. No pior dos casos, ela é parte de um culto da individualidade que apenas demanda a legitimação da expressão das necessidades individuais, daquilo que parece ser a expressão dos seus "impulsos" crus, colocando-se contra

as demandas da sociedade sem atentar para a reordenação política da ordem social. Satisfazer as condições necessárias para a autonomia feminina é precondição para a verdadeira libertação sexual.

Person podia ter acrescentado que repensar a sexualidade, mudar suas normas, é a precondição da autonomia sexual feminina; assim, a sexualidade e, por conseguinte, a "liberdade sexual", constitui uma questão importante e relevante para as políticas feministas.

Não tem sido muito difícil para as mulheres descrever e criticar os aspectos negativos da sexualidade em nossa sociedade sexista; expor a objetificação e desumanização da mulher pelo homem; denunciar o estupro, a pornografia, a violência sexual, o incesto etc. O difícil é descortinar novos paradigmas sexuais, modificar as normas da sexualidade. A inspiração para isso só pode brotar num ambiente em que o bem-estar sexual seja valorizado. Ironicamente, algumas feministas tendem a considerar irrelevante a preocupação com o prazer, o bem-estar e o contentamento sexual. A ênfase contemporânea na revolução sexual, ou numa espécie de "vale-tudo" da expressão sexual, tem levado muitos homens e mulheres a pressupor que a liberdade sexual existe – e até de forma hipervalorizada – em nossa sociedade. No entanto, essa não é uma cultura que afirma a verdadeira liberdade sexual. Criticando o pressuposto de que essa é uma sociedade sexualmente libertada devido à ausência de muitas restrições, Ellen Willis assinala em seu ensaio "Toward a Feminist Sexual Revolution" (Rumo a uma Revolução Sexual Feminista):

> De um ponto de vista radical, a libertação sexual envolve não somente a abolição de restrições, mas a presença positiva de condições sociais e psicológicas que promovam relações sexuais satisfatórias. E desse ponto de vista, essa cultura ainda é profundamente repressiva. De forma muito óbvia, a desigualdade sexual, e devido a isso o antagonismo entre homens e mulheres, constitui uma barreira devastadora para a felicidade sexual. Argumento ainda que, a despeito do liberalismo sexual, a maior

parte do processo de educação das crianças resulta em adultos com atitudes profundamente negativas em relação ao sexo. Sob essas condições, o afrouxamento das restrições sexuais lança as pessoas numa tentativa desesperada de ultrapassar os obstáculos à satisfação mediante uma compulsiva atividade sexual e um excesso de preocupação com o sexo. A ênfase no sexo que permeia nossa vida pública hoje em dia – especialmente a enorme demanda por aconselhamento e terapia sexuais – não é um atestado de nossa liberdade sexual, mas de nossa contínua frustração nesse campo.

As ativistas feministas que enxergam a sexualidade masculina como intrinsecamente má têm sido as mais dispostas a deixar de lado a ênfase nas questões relativas à liberdade sexual. Focando apenas naqueles aspectos da expressão da sexualidade masculina relativos ao reforço da cultura da dominação da mulher pelos homens, elas tendem a ter dificuldade – por relutância e má vontade – em reconhecer que a sexualidade, tal como construída na sociedade sexista, é mais "libertadora" para os homens do que para as mulheres (mesmo se em alguns aspectos ela é obviamente opressora para as mulheres, sem que o seja para os homens). Willis argumenta que a aceitação da "destrutividade sexual pode ser vista como uma distorção que tanto reflete quanto perpetua o sistema repressor", de tal modo que é possível "vislumbrar uma política feminista coerente em que o compromisso com a liberdade sexual é parte integrante". A liberdade sexual só pode existir quando os indivíduos não são mais oprimidos por uma sexualidade socialmente construída que tem por base definições biologicamente determinadas da sexualidade: repressão, culpa, vergonha, dominação, conquista e exploração. Para criar as condições ao desenvolvimento da liberdade sexual, o movimento feminista precisa continuar a focar no fim da opressão sexual da mulher.

O foco na "libertação sexual" sempre trouxe consigo o pressuposto de que a meta de tal esforço é permitir que os indivíduos se envolvam em práticas sexuais melhores e/ou com maior frequência.

No entanto, um aspecto das normas sexuais que muita gente considera opressivo é o de que "é preciso" fazer sexo. Esse "é preciso" é expressão de uma coerção social. Os partidários da libertação sexual geralmente acreditam que quem não está preocupado com a qualidade da sua experiência sexual ou interessado em exercer uma maior liberdade sexual é mentalmente perturbado ou sexualmente reprimido. Quando se enfatiza em primeiro lugar o fim da opressão sexual e não a libertação sexual, torna-se possível vislumbrar uma sociedade em que a liberdade sexual se expresse não apenas na prática do sexo, mas também na opção por não praticá-lo.

As normas sexuais tais como construídas socialmente nos dias de hoje privilegiam a expressão da sexualidade ativa e não o desejo sexual. Ser sexualmente ativo é considerado normal e natural; não ser ativo sexualmente é visto como não natural e anormal. Esse tipo de mentalidade corresponde a padrões sexistas. Os homens são educados para serem sexualmente ativos, as mulheres para serem passivas (quer se abstendo do sexo, quer apenas reagindo às investidas masculinas). A insistência por parte das feministas de que as mulheres deveriam ser sexualmente ativas ajudou a libertar a sexualidade feminina das restrições que lhe foram impostas mediante um duplo padrão repressivo, mas não fez nada para acabar com o estigma sobre os que são sexualmente inativos. Enquanto o estigma não for removido, homens e mulheres não se sentirão livres para participar da atividade sexual quando assim o desejarem. Continuarão a responder à coerção, seja a coerção sexista que empurra os jovens do sexo masculino para a atividade sexual, de modo que eles possam provar sua "masculinidade" (isto é, sua heterossexualidade), seja a coerção sexual que compele as mulheres jovens a responder a essas investidas masculinas, de modo a provar sua "feminilidade" (isto é, sua disponibilidade para servir aos homens como objetos sexuais). A remoção do estigma sobre a inatividade sexual iria ajudar muito a mudar as normas sexuais. Isso teria uma série de implicações positivas para mulheres e homens, especialmente os adolescentes, que hoje são as vítimas mais prováveis das normas sexuais sexistas. O foco recente no sexo entre adolescentes heterossexuais indica que a coerção permanece uma motivação central para a participação na atividade sexual. As garotas "fazem pelos meninos", como diz uma menina de dezessete anos à sua mãe (cf. o ensaio de Ellen Goodman "The Turmoil of Teenage Sexuality" [O Turbilhão da Sexualidade dos Adolescentes]), e os meninos fazem para provar aos outros meninos que são heterossexuais e que podem exercer o poder "masculino" sobre as meninas.

O movimento feminista pela erradicação do heterossexismo – a obrigação de ser heterossexual – é central para acabar com a opressão sexual. Na introdução ao livro *No Turning Back: Lesbian and Gay Liberation of the '80s* (Sem Caminho de Volta: Libertação de Lésbicas e Gays nos Anos 80), Gerre Goodman, George Lakey, Judy Lakey e Erika Thorne definem o heterossexismo como:

> A supressão e negação da homossexualidade a partir do pressuposto de que todos são ou deveriam ser heterossexuais e, em segundo lugar, a crença na superioridade inerente dos padrões dominante-masculino/passivo-feminino. O heterossexismo é resultado da heterossexualidade compulsória que deforma a livre expressão e as relações de apoio mútuo dos heterossexuais, assim como das lésbicas e gays.

Dentro do movimento feminista, as mulheres lésbicas foram as que mais se empenharam em chamar a atenção para a luta para acabar com a opressão heterossexista. As lésbicas têm estado dos dois lados no amplo debate sobre a libertação sexual. Elas têm mostrado a muitas mulheres heterossexuais que seu preconceito contra as lésbicas reforça e perpetua a heterossexualidade compulsória. Além disso, têm ensinado a essas mulheres que podemos encontrar satisfação emocional e sexual em relações homossexuais. Algumas lésbicas têm sugerido que a homossexualidade pode ser a expressão mais direta das políticas pró-sexo, haja vista que não está associada à procriação. O movimento feminista para acabar com a opressão sexual sobre a mulher está ligado à emancipação do lesbianismo[1]. A luta para acabar com os preconceitos, a exploração e a opressão de lésbicas e gays é uma pauta crucial do feminismo. É um componente necessário do movimento para acabar com a opressão sexual sobre a mulher. Ao afirmar o lesbianismo, as mulheres das mais diversas preferências sexuais resistem à perpetuação da heterossexualidade compulsória.

No movimento feminista como um todo tem havido a tendência a transformar a luta para acabar com a opressão sexual numa competição entre a heterossexualidade e o lesbianismo. No começo do movimento, as tentativas de excluir e silenciar as lésbicas eram justificadas com base no espectro da "Lavander Menace"[2]. Depois, o lesbianismo foi apresentado como um tipo de escolha que permitiria às mulheres contornar os conflitos da relação heterossexual ou como a escolha mais politicamente correta que as mulheres feministas poderiam fazer. Embora muitas feministas reconheçam que combater a opressão sexual, sobretudo a dominação da mulher pelo homem, não é a mesma coisa que odiar os homens, dentro dos agrupamentos e das organizações feministas às vezes vêm à tona sentimentos intensos de repúdio aos homens, expressos tanto por mulheres heterossexuais quanto por lésbicas, e as mulheres que não são lésbicas, estejam ou não se relacionando com homens, ficam com a sensação de não serem "autênticas" feministas. Isso é especialmente verdadeiro para as mulheres que poderiam apoiar o feminismo, mas que não estão dispostas a apoiar publicamente os direitos das lésbicas. Com muita frequência se esquece que estamos no meio de um processo de desenvolvimento de consciência política radical, e que, justamente por se tratar de um processo, é contraproducente condenar ou julgar politicamente incorretas as mulheres quando elas não apoiam imediatamente todas as causas que consideramos relevantes.

A suposição de que as verdadeiras feministas são lésbicas (feita tanto por lésbicas quanto por mulheres heterossexuais) instituiu um outro padrão sexual pelo qual as mulheres passaram a ser julgadas e medidas. Embora no movimento feminista não seja comum mulheres afirmarem que mulheres deveriam ser lésbicas, essa mensagem é transmitida por meio da discussão da heterossexualidade, que sugere que todo contato genital entre uma mulher e um homem é um estupro, e que mulheres comprometidas emocional e sexualmente com homens são necessariamente incapazes de firmar um compromisso político de lealdade com as mulheres. E assim como a luta para acabar com a opressão sexual almeja eliminar o heterossexismo, ela não deveria endossar nenhuma opção sexual, quer seja o celibato, a bissexualidade, a homossexualidade ou a heterossexualidade. As ativistas feministas precisam se lembrar de que as escolhas políticas não são determinadas por aqueles com quem escolhemos ter contato sexual genital. Em sua introdução a *Home Girls: A Black Feminist Anthology* (Meninas Domésticas: Uma Antologia das Feministas Negras), Barbara Smith assinala: "O feminismo negro e o lesbianismo negro não são intercambiáveis. O feminismo é um movimento político, e muitas lésbicas não são feministas." Isso também se aplica às mulheres heterossexuais. É importante para as mulheres, especialmente as que são heterossexuais, saber que podem firmar um compromisso político radical com a luta feminista, mesmo que estejam envolvidas sexualmente com homens (muitas de nós sabemos por experiência própria que as escolhas políticas irão indubitavelmente alterar a natureza de nossas relações individuais). Todas as mulheres precisam saber que podem se engajar politicamente no feminismo independentemente de suas preferências sexuais. Precisam saber que a meta do movimento feminista não é estabelecer códigos para uma sexualidade "politicamente correta". Do ponto de vista político, as ativistas feministas comprometidas com a luta para acabar com a opressão sexual precisam trabalhar a fim de acabar com a opressão sobre lésbicas e gays como parte de um movimento geral que possibilite a todas as mulheres (e a todos os homens) escolher livremente seus(suas) parceiros(as).

As ativistas feministas precisam ter cuidado para que nossa crítica legítima ao heterossexismo não se converta num ataque à *prática* heterossexual. Enquanto feministas, precisamos enfrentar aquelas mulheres que realmente acreditam que mulheres com preferências heterossexuais são ou traidoras ou prováveis candidatas ao antilesbianismo. A condenação da prática heterossexual tem levado mulheres que desejam ter relações sexuais com homens a achar que não podem participar do movimento feminista. Elas têm captado a mensagem de que ser "verdadeiramente" feminista significa não ser heterossexual. É fácil confundir o apoio à prática heterossexual não opressiva com a crença no heterossexismo. Por exemplo, em resposta a uma afirmação que fiz em *Ain't I a Woman*, a saber: "atacar a heterossexualidade pouco contribui para fortalecer a autoimagem das mulheres que desejam se relacionar com homens", a feminista lésbica Cheryl Clarke escreveu em seu ensaio "The Failure to Transform: Homofobia in the Black Community" (A Incapacidade de Transformar: Homofobia na Comunidade Negra): "Hooks, com suas mãos negras, dá um tapa nas feministas lésbicas, boa parte delas negras. Hooks teria feito bem se atacasse a instituição da heterossexualidade, na medida em que essa é a causa primeira da opressão das mulheres na América."

Claramente, ela compreendeu e interpretou mal o ponto que levanto. Não faço nenhuma referência ao heterossexismo, e é a equiparação entre a prática heterossexual e o heterossexismo que faz parecer que Clarke está atacando a própria prática heterossexual e não apenas o heterossexismo. Meu ponto é que o feminismo nunca será capaz de atrair massivamente os heterossexuais se eles desconfiarem que serão mal vistos ou tratados como pessoas que estão fazendo algo que não deviam. Meu comentário não era uma reflexão sobre o lesbianismo, pois este não é o único grupo feminista que critica e em alguns casos condena qualquer prática heterossexual.

Assim como o movimento feminista para acabar com a opressão sexual deveria criar um clima social em que lésbicas e gays não sejam mais oprimidos, um clima em que suas escolhas sexuais sejam afirmadas, ele também deveria criar um clima em que a prática heterossexual não seja contaminada pelo heterossexismo e também possa ser afirmada. Um dos motivos para fazer isso é a aceitação de que o avanço do feminismo como movimento político depende do envolvimento da massa das mulheres, dentre as quais a vasta maioria é heterossexual. Se as mulheres feministas (sejam elas celibatárias, lésbicas, heterossexuais etc.) continuarem a condenar a sexualidade masculina, e por extensão as mulheres envolvidas sexualmente com homens, o movimento feminista será enfraquecido. Divisões inúteis e desnecessárias continuarão a ser criadas. Por outro lado, se qualquer afirmação a favor da heterossexualidade for lida como um ataque sorrateiro à homossexualidade, continuaremos a perpetuar a ideia de que estamos diante de duas sexualidades que competem – e devem competir – entre si. É possível delinear os aspectos positivos e negativos do lesbianismo sem fazer nenhuma referência à homossexualidade e vice-versa. Embora Ellen Willis não discuta em seu ensaio a ideia de que o lesbianismo é, politicamente, uma escolha sexual mais correta para as mulheres feministas ou que isso represente uma outra tentativa de impor um padrão sexual às mulheres, seu comentário sobre a lógica neovitoriana se aplica aos ataques desferidos contra as mulheres que se relacionam sexualmente com homens:

> As neovitorianas enfraqueceram a oposição feminista à direita, na medida em que confundem o feminismo com sua própria atitude sexual, vociferando dentro do movimento contra qualquer mulher que discorde delas. E como a ideia que possuem sobre a sexualidade feminista reproduz os julgamentos morais convencionais e a propaganda antissexual atualmente promovida pela direita, a propagação de sua culpa tem tido grande sucesso. Muitas feministas, cientes de que seus instintos sexuais contradizem o ideal neovitoriano, ficaram, por isso, confusas e mergulharam num silêncio apologético. Não há dúvida de que milhares de outras

mulheres concluíram que, se esse é o ideal feminista, então o feminismo não tem nada a ver com elas. O resultado disso tudo é a apatia geral, a desonestidade e a desunião profunda dentro de um movimento que está defronte a um inimigo específico que ameaça de morte sua existência.

Um movimento feminista que almeje eliminar a opressão sexista, e, nesse contexto, a opressão sexual, não pode ignorar ou descartar a escolha das mulheres pela heterossexualidade. A despeito do heterossexismo, muitas mulheres reconheceram e aceitaram que não têm de ser heterossexuais (que existem outras opções) e, mesmo assim, elas escolheram ser, exclusiva ou primordialmente, heterossexuais. Sua escolha deve ser respeitada, pois estão exercendo sua liberdade sexual. Suas escolhas não podem, como sugerem aqueles que a elas se opõem, ser influenciadas por privilégios heterossexuais. A maior parte dos privilégios heterossexuais é enfraquecida quando comparada ao grau de exploração e opressão que as mulheres estão sujeitas a encontrar na maior parte das relações heterossexuais. Existem exceções. Muitas mulheres escolhem ser heterossexuais porque apreciam o contato genital com um homem. O movimento feminista acrescentou novas dimensões à sexualidade lésbica, enriquecendo-a, e não há nenhum motivo para que ele não possa fazer o mesmo pela heterossexualidade. Mulheres com preferências heterossexuais precisam saber que o feminismo é um movimento político que não nega suas escolhas, ainda que ofereça uma moldura construída para desafiar e contrapor a exploração sexual da mulher pelos homens.

Algumas feministas, como eu, acreditam que o movimento feminista para acabar com a opressão sexual não conseguirá mudar as normas sexuais destrutivas se os indivíduos forem ensinados que precisam escolher entre tipos concorrentes de sexualidade (os mais óbvios são a heterossexualidade e a homossexualidade) e se adaptar às expectativas das normas escolhidas. O desejo sexual possui dimensões múltiplas e raramente é "exclusivo", como qualquer norma haveria de sugerir. Uma sexualidade libertadora não ensinaria as mulheres a enxergar seus corpos como acessíveis a qualquer homem ou a qualquer mulher. Em vez disso, ela iria favorecer uma sexualidade que é aberta ou fechada conforme a natureza das interações de cada um. Está implícita na ideia de orientação sexual a pressuposição de que qualquer indivíduo do sexo preferido pode buscar acessar o corpo do outro. Esse é um conceito que promove a objetificação. Num contexto heterossexual, ele transforma qualquer um, sobretudo as mulheres, em objetos sexuais. Dadas as diferenças de poder criadas pelas políticas sexistas, as mulheres são as mais sujeitas a serem abordadas por qualquer homem, uma vez que os homens são ensinados a crer que podem ter acesso ao corpo de todas as mulheres. A sexualidade seria transformada se os códigos e rótulos que removem o desejo sexual de suas particularidades e especificidades fossem abandonados. Como Stephen Heath resumiu em *The Sexual Fix* (A Encrenca Sexual):

> O fim da opressão é uma remodelagem das relações sociais que deixa homens e mulheres em estado de liberdade, livres da mercantilização da sexualidade, livres de todas as violências e alienações da circulação e da troca enquanto identidades sexuais, a identidade de um sexo, sendo preso a essa ou a aquela imagem, a essa ou a aquela norma, a essa coisa "sexualidade".

Embora rotuladas como heterossexuais, muitas mulheres dessa sociedade sentem pouco desejo sexual pelos homens por conta das políticas de opressão sexual; a dominação masculina perverte e destrói o desejo delas. É a enormidade dos atos de opressão sexual imposta às mulheres pelos homens que torna difícil para as mulheres falar de interações sexuais positivas com homens. Cada vez mais as feministas heterossexuais estão cientes de que podem escolher ter uma relação com um homem e resistir à noção heterossexista de que estão receptivas e abertas às investidas sexuais de qualquer homem. Essa noção desfere um golpe sobre a heterossexualidade compulsória que nega às mulheres o direito de escolher seus parceiros sexuais, na medida em que implica a avaliação dessas interações por parte das mulheres de acordo com sua necessidade de se sentirem acolhidas e afirmadas. Ao reivindicar seu direito de escolha, as mulheres desafiam o pressuposto de que a sexualidade feminina existe para servir às necessidades sexuais dos homens. Seus esforços fortalecem a luta para acabar com a opressão sexual. O direito de escolha precisa caracterizar todas as interações sexuais entre as pessoas.

À medida que a luta contra a opressão sexual for progredindo, certamente haveremos de assistir a uma redução da obsessão com a sexualidade. Isso não significa que haverá uma diminuição da atividade sexual. Significa que a sexualidade não terá mais a importância que lhe é atribuída numa sociedade que usa a sexualidade para expressar o propósito de manter a desigualdade, a dominação masculina, o consumismo, a frustração sexual e a infelicidade, desviando, assim, a atenção das pessoas, que por isso deixam de enxergar a necessidade de se fazer uma revolução social. Como Stephen Heath comenta:

> No final das contas, o verdadeiro problema a ser enfrentado é sempre o da revolução social. Privilegiar o aspecto sexual não é um caminho para promover a libertação; na verdade, ele funciona muito mais como uma instância a partir da qual e em referência à qual a sociedade assegura sua ordem fora de qualquer processo efetivo de transformação, produzindo com precisão um âmbito e uma ideologia da "revolução" ou da "libertação".

Os esforços feministas para desenvolver uma teoria política da sexualidade precisam continuar a fim de que a opressão sexista possa ser eliminada. No entanto, precisamos ter em mente que a luta para acabar com a opressão sexual é apenas parte de uma luta maior para transformar a sociedade e estabelecer uma nova ordem social.

"Assim como o movimento feminista
para acabar com a opressão sexual deveria
criar um clima social em que lésbicas e
gays não sejam mais oprimidos,
um clima em que suas escolhas sexuais
sejam afirmadas, ele também deveria criar
um clima em que a prática heterossexual
não seja contaminada pelo heterossexismo
e também possa ser afirmada.

12

A Revolução Feminista:
Desenvolvimento Por Meio da Luta

Hoje em dia raramente se fala em revolução feminista. Imaginando que as revoluções ocorrem de forma simples e rápida, as militantes do feminismo acharam que as grandes ondas de atividades – protestos, organizações e campanhas de proselitismo – que caracterizaram os começos do movimento feminista contemporâneo seriam suficientes para estabelecer uma nova ordem social. Embora as feministas radicais tenham sempre reconhecido que a sociedade precisa ser transformada para que a opressão sexista seja eliminada, os êxitos feministas ocorreram principalmente no âmbito das reformas (isso graças primeiramente aos esforços e às visões dos grupos radicais como Bread and Roses e o Coletivo Combahee River, dentre outros). Essas reformas ajudaram muitas mulheres a dar passos importantes rumo à igualdade de gênero dentro de várias áreas do atual sistema patriarcal e de supremacia branca, mas essas reformas não corresponderam a uma diminuição da exploração e da opressão sexista. Valores e pressupostos sexistas permaneceram intactos, ao mesmo tempo que os antifeministas politicamente conservadores vêm conseguindo com certa facilidade solapar as reformas feministas. Por sua vez, boa parte dos críticos do feminismo, que partilham de uma perspectiva política progressista, considera o reformismo contraproducente. Argumentando a favor das reformas como um estágio no processo revolucionário, Sandra Harding escreveu, em seu ensaio "Feminism: Reform or Revolution" (Feminismo: Reforma ou Revolução):

> Talvez as reformistas tivessem em mente objetivos de longo prazo, algo como uma imagem da sociedade do futuro. As reformas vão preenchendo essa imagem pouco a pouco. Algumas partes podem ser preenchidas de forma mais ou menos simples (como salários iguais para trabalhos iguais), já outras apresentam maior dificuldade (como o acesso das mulheres a qualquer tipo de emprego). Porém, quer a dificuldade seja grande, quer pequena, existe sempre um precedente nessa sociedade para cada tipo de mudança, e as únicas mudanças requeridas são aquelas que preencham a imagem da desejada sociedade do futuro. Assim, ao final de uma longa série de pequenas mudanças quantitativas, tudo iria mudando gradualmente até que por fim o sistema como um todo se mostrasse completamente diferente [...] Nesse modelo alternativo, uma série de reformas poderia constituir uma revolução.

Reformas podem ser um momento vital da marcha em direção à revolução, mas o importante é saber que tipo de reforma iniciar. O foco feminista em reformas destinadas a melhorar o *status* social da mulher dentro da estrutura social existente fez apenas com que mulheres e homens perdessem de vista a necessidade de uma transformação global da sociedade. A campanha pela Emenda dos Direitos Iguais (ERA – Equal Rights Amendment), por exemplo, mobilizou uma grande quantidade de verba e recursos humanos, quando o foco deveria ter sido numa campanha política massiva para formar um eleitorado feminista. Esse eleitorado teria garantido o sucesso da ERA. Infelizmente, ficaram de lado as reformas revolucionárias focadas, primeiramente e antes de tudo, no esclarecimento em massa das pessoas acerca do movimento feminista, de modo a lhes mostrar o caminho pelo qual poderiam transformar a sua vida para melhor. Em vez disso, as mulheres envolvidas com as reformas feministas estavam menos inclinadas a pensar em como transformar a sociedade do que em lutar pela igualdade e por direitos iguais aos dos homens.

Muitas ativistas radicais engajadas no movimento das mulheres e que não tinham interesse em lutar por igualdade social dentro da estrutura existente preferiram atacar o comportamento sexista de opressão e exploração. Ao identificar os homens como vilões, como os "inimigos", elas se dedicaram a expor a "maldade" masculina. Exemplos disso são a crítica e os ataques à pornografia. É óbvio que a pornografia promove a degradação da mulher, bem como o sexismo e a violência sexual. E também é óbvio que denunciar a pornografia é inútil se essa atitude não vier acompanhada de um esforço maior para transformar a sociedade e, por consequência, a sexualidade. Essa luta mais relevante não tem sido enfrentada pelo movimento feminista. (Uma discussão mais ampla sobre os esforços feministas contra a pornografia pode ser encontrada no ensaio de Alice Echols intitulado "Cultural Feminism: Feminist Capitalism and The Anti-Pornography Movement" [Feminismo Cultural: Capitalismo Feminista e o Movimento Contra a Pornografia].) O foco no "homem" e no "comportamento masculino" tem ofuscado o fato de que as mulheres precisam se desenvolver politicamente de modo a poderem operar mudanças culturais que venham a pavimentar o caminho para o estabelecimento de uma nova ordem social. Pessoas ligadas a movimentos de conscientização feministas têm procurado ajudar as mulheres a compreender a natureza do sexismo em suas próprias vidas, especialmente no que toca à sua relação com a dominação masculina. Embora esta seja uma tarefa necessária, existem outras que também precisam de atenção.

O esforço de conscientização feminista não foi capaz de estimular as mulheres a abraçar políticas revolucionárias. Na maioria dos casos, não conseguiu ajudá-las a compreender o capitalismo – seu funcionamento como sistema de exploração do trabalho feminino e suas interconexões com a opressão sexista. Não despertou nas mulheres a urgência para aprender sobre os diferentes sistemas políticos, a exemplo do socialismo, nem as encorajou a inventar e vislumbrar novos sistemas políticos. Não atacou o materialismo e o vício consumista de nossa sociedade. Não mostrou às mulheres como nós, nos Estados Unidos, somos beneficiárias da exploração e opressão de mulheres e homens de toda parte do globo, nem mostrou formas de fazer oposição ao imperialismo. E, o mais importante de tudo, não insistiu em fazer com que as mulheres compreendessem que o movimento feminista para acabar com a opressão sexista só pode ser bem-sucedido se estivermos comprometidos com a revolução, com a construção de uma nova ordem social.

Uma nova ordem social é construída gradualmente. É difícil entender e aceitar isso nos Estados Unidos. Fomos educados para acreditar que as revoluções são sempre caracterizadas pela violência extrema entre os oprimidos e seus opressores ou que os processos revolucionários acontecem da noite para o dia. Também fomos ensinados a buscar a gratificação imediata para nossos desejos e a dar respostas rápidas às nossas demandas. Como qualquer outro movimento de libertação nessa sociedade, o feminismo se ressente do fato de que essa atitude mantém seus participantes longe de um compromisso firme com o lento e desgastante processo de revolução. Como consequência, o movimento feminista não sustentou seu apogeu revolucionário. Foi uma rebelião bem-sucedida. Ao apontar a diferença entre revolução e rebelião, Grace Lee Boggs e James Boggs frisaram:

> Rebelião é um estágio no desenvolvimento da revolução, mas não é a própria revolução. E é um estágio importante porque representa o "levante", a afirmação de sua humanidade por parte dos oprimidos. A rebelião informa tanto aos oprimidos quanto aos demais que a situação se tornou intolerável. A rebelião estabelece uma forma de comunicação entre os próprios oprimidos e ao mesmo tempo abre os olhos e ouvidos das pessoas que estão cegas e surdas à sina de seus concidadãos. A rebelião rompe os

fios que asseguram a coesão do sistema e põe em xeque a legitimidade e a permanência das instituições existentes. Abalam os velhos valores, de modo que, daí em diante, as relações entre os indivíduos e entre os grupos dentro da sociedade muito provavelmente nunca mais serão as mesmas. A inércia da sociedade foi interrompida. Somente ao compreender os efeitos da rebelião é possível enxergar suas limitações. Uma rebelião gera uma disrupção na sociedade, mas não fornece o que é necessário para a criação de uma nova ordem social.

Apesar dos êxitos até agora alcançados pela rebelião feminista, não se vislumbra ainda um desenvolvimento revolucionário. Internamente, seu progresso tem sido retardado por aquelas ativistas feministas que não percebem que o movimento existe para o progresso de todas as mulheres e homens; que parecem pensar que ele existe exclusivamente para o progresso individual das militantes, pressionadas a recusar quaisquer opiniões e ideias que se desviem da ideologia feminista dominante; que buscam suprimir e silenciar as vozes dissidentes e não reconhecem a necessidade de se lutar continuamente pela criação de uma ideologia libertadora. Essas mulheres se opõem a qualquer movimento que aponte para um exame crítico da ideologia feminista prevalente e se recusam a reconhecer suas limitações. Externamente, o progresso do movimento feminista é retardado pela atividade antifeminista organizada e pela indiferença política da massa das mulheres e homens que não está suficientemente familiarizada com a situação de modo a se posicionar de um lado ou de outro.

Para ir além do estágio de rebelião feminista, para superar o impasse que caracteriza o movimento feminista contemporâneo, as mulheres precisam reconhecer a necessidade de uma reorganização. Sem esquecer as dimensões positivas do movimento feminista até agora, precisamos aceitar que nunca houve uma estratégia por parte das organizações e das mulheres feministas para construir, por meio de uma educação política, uma consciência de massa acerca da necessidade do movimento feminista. Esse tipo de estratégia é fundamental para que o feminismo possa ser um movimento político de impacto na sociedade como um todo, com consequências revolucionárias e transformadoras. Também precisamos enfrentar o fato de que muitos dos dilemas com os quais o movimento feminista depara hoje em dia foram criados pelas mulheres burguesas que moldaram o movimento segundo seus interesses oportunistas de classe. Agora precisamos trabalhar para mudar sua direção, de modo que as mulheres de todas as classes possam se dar conta de que seu interesse em acabar com a opressão sexista converge com o movimento feminista. Reconhecer que oportunistas burguesas exploraram o movimento feminista não deveria ser confundido com um ataque às mulheres burguesas como um todo. Existem mulheres burguesas que repudiam os privilégios de sua classe; que são politicamente progressistas; que se doaram, se doam ou estão dispostas a se doar de um modo revolucionário pelo avanço do movimento feminista. Remodelar as políticas de classe do movimento feminista é uma estratégia que poderá levar as mulheres de todas as classes ao engajamento com a luta feminista.

A fim de construir um movimento feminista de massa, precisamos de uma ideologia libertadora que possa ser compartilhada pelas pessoas indiscriminadamente. Uma ideologia revolucionária só poderá ser criada se as experiências daquelas pessoas que estão à margem, que sofrem a opressão sexista e outras formas de opressão de grupo, forem compreendidas, discutidas e assimiladas. Elas precisam participar do movimento feminista como proponentes teóricas e líderes práticas. Na prática feminista do passado, nos contentamos em depender de pessoas autodesignadas, algumas delas mais preocupadas em exercer autoridade e poder do que em se comunicar com pessoas de outros contextos culturais e de outras perspectivas políticas. Essas pessoas não se dispuseram a aprender sobre a experiência feminina coletiva, preferindo impor suas próprias ideias e valores. Líderes são necessários e estes deveriam ser aquelas pessoas que reconhecem sua relação com o grupo e assumem responsabilidades perante ele. Pessoas capazes de demonstrar amor e compaixão por meio de seus atos e de se engajar em diálogos construtivos. Um tal amor, como sugere Paulo Freire, age para transformar a dominação:

> Não há diálogo, porém, se não há um profundo amor ao mundo e aos homens. Não é possível a pronúncia do mundo, que é um ato de criação e recriação, se não há amor que a infunda. Sendo fundamento do diálogo, o amor é, também, diálogo. Daí que seja essencialmente tarefa de sujeitos e que não possa verificar-se na relação de dominação. Nesta, o que há é patologia de amor: sadismo em quem domina; masoquismo nos dominados. Por ser um ato de coragem, nunca de medo, o amor é compromisso com os homens. Onde quer que estejam estes, oprimidos, o ato de amor está em comprometer-se com sua causa. A causa de sua libertação. Mas esse compromisso, por ser amoroso, é dialógico.[1]

As mulheres precisam começar o trabalho de reorganização feminista com o entendimento de que todas nós (independentemente de nossa raça, sexo ou classe) temos agido em cumplicidade com o sistema opressivo existente. E todas nós precisamos de forma consciente romper com o sistema. Algumas de nós farão isso mais rapidamente que outras. A compaixão que estendemos a nós mesmas, o reconhecimento de que nossa mudança em termos de consciência e ação é um processo, precisa caracterizar nosso contato com aquelas pessoas desprovidas de consciência política. Não seremos capazes de motivá-las a participar da luta feminista arvorando uma superioridade política que faz do movimento apenas um outro tipo de hierarquia opressiva.

Antes de podermos ir ao encontro das massas, precisamos recapturar a atenção, o apoio e a participação de muitas mulheres que já foram do movimento feminista, mas o abandonaram por desilusão. Muitas mulheres deixaram o movimento feminista por não estarem dispostas a apoiar as ideias de uma pequena minoria de mulheres que possui o controle hegemônico sobre o discurso feminista, sobre o desenvolvimento da teoria que esclarece a prática. Muitas mulheres que se relacionam com homens se afastaram do movimento feminista porque enxergavam na tese do "homem como inimigo" um paradigma contraproducente. E muitas mulheres deixaram de apoiar a luta feminista porque sua ideologia é muito dogmática, muito absolutista, muito fechada. Outras tantas deixaram o movimento feminista porque foram identificadas como "inimigas". As ativistas feministas fariam bem em prestar atenção nas palavras de Susan Griffin, quando ela nos lembra em seu ensaio "The Way of All Ideology" (O Destino de Toda Ideologia):

> Um conhecimento politicamente profundo do mundo não condiz com a criação de um inimigo. Na verdade, criar monstros absolutos é esquecer a concepção política segundo a qual todo comportamento é decorrente de uma circunstância, concepção que acredita que todo ser humano possui a capacidade inata de ser criativo, alegre, gentil, que acredita que, sob circunstâncias corretas, a humanidade pode florescer em qualquer um.
>
> Quando um movimento de libertação passa a se inspirar majoritariamente no ódio a um inimigo e não nessa visão das possibilidades, ele começa a derrotar a si mesmo. Ele deixa de ser essencialmente uma fonte de cura. E mesmo se declarando a favor da libertação, sua linguagem não é mais libertadora. Ele começa a impor a censura a si mesmo. Suas ideias acerca da verdade se tornam cada vez mais estreitas. E o movimento que começara com uma evocação da verdade passa a se mostrar enganoso, começa a espelhar tudo aquilo que condena, pois agora ele também é opressor de certas verdades e de certos falantes, e começa, como os antigos opressores, a se esconder de si mesmo.

Para restaurar a força vital revolucionária do movimento feminista, é preciso que as mulheres e os homens comecem um trabalho de reformulação teórica e redefinição de caminhos. Se é preciso que aceitemos, reconheçamos e apreciemos a rebelião feminista, bem como aquelas mulheres e homens que a protagonizaram, também é preciso que tenhamos a capacidade de criticar e reexaminar o movimento feminista, recriando-o novamente; trata-se de um desafio, haja vista que nos falta um precedente histórico. Há muitas formas de se fazer uma revolução. As revoluções geralmente são iniciadas pela remoção violenta da estrutura política existente. Nos Estados Unidos, as mulheres e os homens comprometidos com a luta feminista sabem que estamos todos bastante enfraquecidos em face de nossos oponentes; que eles não só possuem acesso a todos os tipos de armamentos conhecidos pela humanidade, como também têm a formação para agir com violência, aceitá-la e perpetuá-la. Desse modo, isso não pode ser a base para a revolução feminista nessa sociedade. Nossa ênfase precisa ser uma transformação cultural: destruir o dualismo, erradicar os sistemas de dominação. Nossa luta será gradual e prolongada. Aqui, qualquer tentativa de se fazer uma revolução feminista pode ser beneficiada pelo exemplo das lutas de libertação travadas em toda parte do mundo pelas pessoas oprimidas que resistem a poderes gigantescos.

A formação de uma visão de mundo alternativa é fundamental para a luta feminista. Isso significa que o mundo que conhecemos de forma mais íntima, o mundo no qual nos sentimos "seguros" (ainda que esse sentimento esteja baseado numa grande ilusão), precisa ser radicalmente transformado. Talvez seja a percepção de que todos precisam mudar, não apenas aqueles que rotulamos de inimigos e opressores, que até agora têm servido para avaliar a autenticidade de nosso impulso revolucionário. Para que o movimento feminista contra a opressão existente possa progredir, para que possamos transformar nossa realidade atual, esses impulsos revolucionários precisam moldar de forma espontânea e livre nossa teoria e nossa prática.

Notas

APRESENTAÇÃO

1. Ativista do movimento de mulheres negras e professora da Universidade do Estado da Bahia (Uneb).

2. No texto "Enegrecer o Feminismo: A Situação da Mulher Negra na América Latina a Partir de uma Perspectiva de Gênero". Disponível em: <https://edisciplinas.usp.br>.

3. Assim Falou Luiza Bairros, entrevista realizada por Fernanda Pompeu em 2006, disponível no seu blogue (< http://fernandapompeu.com.br-/assim-falou-luiza-bairros>) e no portal Geledes (< https://www.geledes.org.br/assim-falou-luiza-bairros>).

AGRADECIMENTOS

4. O termo *trashing*, dada a natureza multiforme do fenômeno que expressa, tem sugerido no contexto do debate feminista brasileiro um rico leque de equivalentes lexicais, como "detonação", "escracho", "assassinato de reputações", "fazer a caveira", "queimar o filme", "destruir" etc. (N. da T.)

I. MULHERES NEGRAS: MOLDANDO A TEORIA FEMINISTA

1. "Classe do lazer" ou "classe ociosa" (*leisure-class*) é um conceito elaborado pelo economista estadunidense Thorstein Veblen (1857-1929) em seu livro *The Theory of the Leisure-Class: An Economic Study in the Evolution of Institutions* (A Teoria da Classe do Lazer: Um Estudo Econômico Sobre a Evolução das Instituições), de 1899. Nessa obra, Veblen critica o consumismo das classes privilegiadas que, por estarem no comando da cadeia econômica, podem se entregar a um ócio consumista que, a seu juízo, em nada contribui para o bom funcionamento do sistema econômico e social. (N. da T.)

2. Nora é a protagonista da peça *Casa de Bonecas*, do dramaturgo norueguês Henrik Ibsen (1828-1906). Note-se que Nora não fica confinada à casa de bonecas, pois, ao tomar consciência da incompatibilidade entre sua condição de esposa e suas aspirações como pessoa, decide ir embora, deixando marido e filhos. Essa atitude de Nora, que é o desfecho da peça, gerou uma enorme repercussão na época, com posições e debates acalorados a favor e contra. (N. da T.)

2. FEMINISMO: UM MOVIMENTO PARA ACABAR COM A OPRESSÃO SEXISTA

1. H. Saffioti, *A Mulher na Sociedade de Classes*, p.70.

3. A IMPORTÂNCIA DO MOVIMENTO FEMINISTA

1. Nos Estados Unido, "de cor" é um termo utilizado para definir todos os não brancos, incluindo os latinos e árabes, entre outros, diferentemente do Brasil, onde se usa tal expressão para se referir às pessoas negras sem utilizar "negro" ou "preto". (N. da T.)

4. IRMANDADE: A SOLIDARIEDADE POLÍTICA ENTRE MULHERES

1. *Chicana/chicano* é um derivado da palavra inglesa *mexican* (mexicano) e se refere aos estadunidenses de origem mexicana. O termo não possui uma conotação negativa, tendo sido adotado pela própria comunidade mexicana residente nos EUA durante os anos 1960 a partir de uma mobilização por direitos civis conhecida como "Chicano movement". (N. da T.)

11. PONDO FIM À OPRESSÃO SEXUAL CONTRA A MULHER

1. Termos como "lesbianismo", "preferências sexuais" e "escolha sexual", presentes neste capítulo, apesar de superados, foram mantidos por fidelidade ao original, conforme informamos na Nota da Edição, supra, p. 12.

2. A "Lavender Menace or Revolution" (Ameaça Alfazema ou Revolução) foi um grupo de feministas radicais lésbicas que surgiu espontaneamente para protestar contra a falta de participação das lésbicas no movimento feminista por ocasião do Segundo Congresso Para Unir as Mulheres, ocorrido na cidade de Nova York, em 10 de maio de 1970. (N. da T.)

12. A REVOLUÇÃO FEMINISTA: DESENVOLVIMENTO POR MEIO DA LUTA

1. P. Freire, *Pedagogia do Oprimido*, p. 45.

Bibliografia

AMOS, Valerie; PARMAR, Pratibha. Challenging Imperial Feminism. *Feminist Review*, n. 17, autumn 1984.

ANDRÉ, Rae. *Homemakers: The Forgotten Workers*. Chicago: University of Chicago Press, 1981.

ANGELOU, Maya. Interview. In: TATE, Claudia (ed.). *Black Women Writers at Work*. New York: Continuum Publishing, 1983.

APTHEKER, Bettina. *Woman's Legacy: Essays on Race, Sex, and Class in American History*. Amherst: University of Massachusetts Press, 1982.

BABCOX, Deborah; BEKIN, Madeline (eds.). *Liberation Now! Writings from the Women's Liberation Movement*. New York: Dell, 1971.

BADINTER, Elisabeth. *Mother Love*. New York: Macmillan, 1981.

BARBER, Benjamin. *Liberating Feminism*. New York: Dell, 1975.

BERG, Barbara. *The Remembered Gate: Origins of American Feminism*. New York: Oxford University Press, 1979.

BERNARD, Jessie. *The Future of Motherhood*. New York: Dial, 1974.

BIRD, Caroline. *The Two-Paycheck Marriage*. New York: Rocket Books, 1979.

BOGGS, Grace Lee; BOGGS, James. *Revolution and Evolution in the Twentieth Century*. New York: Monthly Review Press, 1974.

BROWN, Rita Mae. The Last Straw. In: BUNCH, Charlotte; MYRON, Nancy (eds.). *Class and Feminism: A Collection of Essays from the Furies*. Baltimore: Diana Press, 1974.

BUNCH, Charlotte. Feminism and Education: Not by Degrees. *Quest*, v. 5, n. 1, summer 1979.

BUNCH, Charlotte; MYRON, Nancy (eds.). *Class and Feminism: A Collection of Essays from the Furies*. Baltimore: Diana Press, 1974.

CAGAN, Leslie. Talking Disarmament. *South End Press News*, v. 2, n. 2, spring/summer 1983.

CARDEDGE, Sue; RYAN, Joanna (eds.). *Sex and Love: New Thoughts on Old Contradictions*. London: Women's Press, 1983.

CASSELL, Joan. *A Group Called Women: Sisterhood and Symbolism in the Feminist Movement*. New York: McKay, 1977.

CHESLER, Phyllis. *With Child: A Diary of Motherhood*. New York: Crowell, 1979.

CHESLER, Phyllis; GOODMAN. Emily Jane. *Women, Money, and Power*. New York: William Morrow and Company, 1976.

CHODOROW, Nancy. *The Reproduction of Mothering: Psychoanalysis and the Sociology of Gender*. Berkeley: University of California Press, 1978.

CLARKE, Cheryl. The Failure to Transform: Homophobia in the Black Community. In: SMITH, Barbara (ed.). *Home Girls: A Black Feminist Anthology*. New York: Kitchen Table/Women of Color Press, 1983.

COLES, Robert; COLES, Jane. *Women of Crisis*. New York: Dell Publishing Company, 1978.

CORNWELL, Anita. Three for the Price of One: Notes from a Gay Black Feminist. In: JAY, Karla; YOUNG, Allen (eds.). *Lavender Culture*. New York: Jove Books (Harcourt Brace Jovanovich), 1978.

COWARD, Rosalind. *Female Desire*. London: Paladin, 1984.

DALY, Mary. *Beyond God the Father: Toward a Philosophy of Women's Liberation*. Boston: Beacon Press, 1973.

DELPHY, Christine. *Close to Home: A Materialist Analysis of Women's Oppression*. Trad. Diana Leonard. Amherst: University of Massachusetts Press, 1984.

_____. For a Materialist Feminism (Trad. Elaine Marks). In: MARKS, Elaine; DE COURTIVRON, Isabelle (eds.). *New French Feminisms*. Amherst: University of Massachusetts Press, 1980.

DIXON, Marlene. *Women in Class Struggle*. San Francisco: Synthesis Publications, 1980.

ECHOLS, Alice. Cultural Feminism: Feminist Capitalism and the Anti-Pornography Movement. *Social Text*, spring/summer 1983.

EHRENREICH, Barbara; STALLARD, Karin. The Nouveau Poor. *Ms.*, v. 11, n. 1-2, Jul.-Aug. 1982.

EHRLICH, Carol. The Unhappy Marriage of Marxism and Feminism: Can It Be Saved? In: SARGENT, Lydia (ed.). *Women and Revolution*. Boston: South End Press, 1981.

EISENSTEIN, Zillah. *The Radical Future of Liberal Feminism*. New York: Longman, 1981.

ENLOE, Cynthia. *Does Khaki Become You?: The Militarization of Women's Lives*. Boston: South End Press, 1983.

EVANS, Sara. *Personal Politics: The Roots of Women's Liberation in the Civil Rights Movement and the New Left*. New York: Knopf, 1979.

FANON, Frantz. *Black Skin, White Masks*. New York: Grove Press, 1967.

FOUQUE, Antoinette. Warnings. In: MARKS, Elaine; DE COURTIVRON, Isabelle (eds.). *New Trench Feminisms*. Amherst: University of Massachusetts Press, 1980.

FREEMAN, Jo. *The Politics of Women's Liberation*. New York: David McKay Company, 1975.

FREIRE, Paulo. *Pedagogy of the Oppressed*. New York: Seabury, 1970. (Ed. bras.: *Pedagogia do Oprimido*. Rio de Janeiro: Paz e Terra, 1994.)

FRIDAY, Nancy. *My Mother/My Self: The Daughter's Search for Identity*. New York: Delacorte, 1977.

FRIEDAN, Betty. *The Feminine Mystique*. New York: W.W. Norton Company, 1963.

FRITZ, Leah. *Dreamers and Dealers: An Intimate Appraisal of the Women's Movement*. Boston: Beacon Press, 1979.

GOODMAN, Ellen. The Turmoil of Teenage Sexuality. *Ms.*, v. 12, n. 1, Jul. 1983.

GOODMAN, Gerre et al. *No Turning Back: Lesbian and Gay Liberation of the '80s*. Philadelphia: New Society Press, 1983.

GORNICK, Vivian. *Essays in Feminism*. New York: Harper and Row, 1978.

GREENE, Bob. Sisters-Under the Skin. *San Francisco Examiner*, May 15, 1983.

GREER, Germaine. *The Female Eunuch*. New York: McGraw-Hill, 1971.

_____. *Sex and Destiny: The Politics of Human Fertility*. New York: Harper and Row, 1984.

GRIFFIN, Susan. The Way of All Ideology. *Signs*, spring 1982.

GROSS, Jeanne. Feminist Ethics from a Marxist Perspective. *Radical Religion*, v. 3, n. 2, 1977.

HANISCH, Carol. Men's Liberation. *Feminist Revolution*. New York: Redstockings, 1975.

HARDING, Sandra. Feminism: Reform or Revolution. In: GOULD, Carol; WARTOFSKY, Marx (eds.). *Women and Philosophy*. New York: G.P. Putnam, 1976.

HARTSOCK, Nancy. Political Change: Two Perspectives on Power. *Building Feminist Theory: Essays from Quest*. New York: Longman, 1981.

HEATH, Stephen. *The Sexual Fix*. London: Macmillan, 1982.

HELLMAN, Lillian. *Pentimento*. Boston: Little, Brown, 1973.

HODGE, John. *The Cultural Basis of Racism and Group Oppression*. Berkeley: Time Readers Press, 1975.

HORNACEK, Paul. Anti-Sexist Consciousness-Raising Groups for Men. In: SNODGRASS, John (ed.). *For Men Against Sexism: A Book of Readings*. Albion: Times Change Press, 1977.

JANEWAY, Elizabeth. *Cross Sections*. New York: William Morrow, 1982.

_____. *Powers of the Weak*. New York: Morrow Quill, 1981.

JOSEPH, Gloria. The Incompatible Ménage à Trois: Marxism, Feminism, and Racism. In: SARGENT, Lydia (ed.). *Women and Revolution*. Boston: South End Press, 1981.

KENNEDY, Florynce. Institutionalized Oppression vs. The Female. In: MORGAN, Robin (ed.). *Sisterhood Is Powerful*. New York: Vintage Books, 1970.

KOEDT, Anne; LEVINE, Ellen; RAPORE Anita (eds.). *Radical Feminism*. New York: Quadrangle Books, 1973.

KOEN, Susan; SWAIN, Nina; and Friends (eds.) *Ain't Nowhere We Can Run: A Handbook for Women on the Nuclear Mentality*. Norwich: WAND, 1980.

KOLLIAS, Karen. Class Realities: Create a New Power Base. *Quest*, v. 1, n. 3, winter 1975.

LEON, Barbara. Separate to Integrate. *Feminist Revolution*. Redstockings, 1975.

MALOS, Ellen (ed.). *The Politics of Housework*. New York: Allison and Busby, 1982.

MARKOVIC, Mihailo. Women's Liberation and Human Emancipation. In: GOULD, Carol; WARTOFSKY, Marx (eds.). *Women and Philosophy*. New York: G.P. Putnam, 1976.

MCCANDLESS, Cathy. Some Thoughts about Racism, Classism, and Separatism. In: GIBBS, Joan; BENNETT, Sara (eds.). *Top Ranking*. New York: February Third Press, 1979.

MONTGOMERY, Helen. *Western Women in Eastern Lands*. New York: Macmillan, 1910.

MORAGA, Cherrie. *Loving in the War Years: Lo Que Nunca Pasó Por Sus Labios*. Boston: South End Press, 1983.

MORGAN, Robin (ed.). *Sisterhood Is Powerful: An Anthology of Writings from the Women's Liberation Movement*. New York: Random House, 1970.

MORRISON, Toni. Cinderella's Stepsisters. *Ms.*, Sept. 1979.

_____. What the Black Woman Thinks about Women's Lib. *The New York Times Magazine*, Aug. 22, 1971.

OAKLEY, Ann. *The Sociology of Housework*. New York: Pantheon, 1975.

PATRICK, Jane. A Special Report on Love, Violence, and the Single Woman. *Mademoiselle*, Oct. 1982.

PERSON, Ethel Spector. Sexuality as the Mainstay of Identity: Psychoanalytic Perspectives. In: STIMPSON, Catherine; PERSON, Ethel Spector (eds.). *Women: Sex and Sexuality*. Chicago: University of Chicago Press, 1980.

REDSTOCKINGS Manifesto. In: MORGAN, Robin (ed.). *Sisterhood Is Powerful: An Anthology of Writings from the Women's Liberation Movement*. New York: Random House, 1970.

RICH, Adrienne. *Of Woman Born*. New York: W.W. Norton, 1976.

RUDDICK, Sara. Maternal Thinking. In: THORNE, Barrie; YALOM, Marilyn (eds.). *Rethinking the Family: Some Feminist Questions*. New York: Longman, 1982.

RULE, Jane. With All Due Respect. *Outlander*. Tallahassee: Naiad Press, 1981.

SAFFIOTI, Heleieth I.B. *Women in Class Society*. Trad. Michael Vale. New York: Monthly Review Press, 1978. (Ed. bras.: *A Mulher na Sociedade de Classes: Mito e Realidade*. Petrópolis: Vozes, 1976.)

SCHECHTER, Susan. *Women and Male Violence: The Visions and Struggles of the Battered Women's Movement.* Boston: South End Press, 1982.

SCHOONMAKER, Mary Ellen. Bringing Up Baby. *In These Times,* Sept. 7 1983.

SMITH, Barbara. Notes for Yet Another Paper on Black Feminism, Or, Will the Real Enemy Please Stand Up? *Conditions: Five,* v. 11, n. 2, autumn 1979.

SMITH, Barbara (ed.). *Home Girls: A Black Feminist Anthology.* New York: Kitchen Table: Women of Color Press, 1983.

SNITOW, Ann; STANSELL, Christine; THOMPSON, Sharon (eds.). *Powers of Desire: The Politics of Sexuality.* New York: Monthly Review Press, 1983.

SNODGRASS, Jon (ed.). *For Men Against Sexism: A Book of Readings.* Albion: Times Change Press, 1977.

SPELMAN, Elizabeth. Theories of Race and Gender/The Erasure of Black Women. *Quest,* v. 5, n. 4, 1982.

STAMBLER, Sookie. *Women's Liberation: Blueprint for the Future.* New York: Ace Books, 1970.

THORNE, Barrie. Feminist Rethinking of the Family: An Overview. In: THORNE, Barrie; YALOM, Marilyn (eds.). *Rethinking the Family: Some Feminist Questions.* New York: Longman, 1982.

VALESKA, Lucia. If All Else Fails, I'm Still a Mother. *Quest,* v. 1, n. 3, winter 1975.

VAZQUEZ, Carmen. Towards a Revolutionary Ethics. *Coming Up,* Jan. 1983.

WALTON, Patty. The Culture in Our Blood. *Women: A Journal of Liberation,* v. 8, n. 1, Jan. 1982.

WARE, Cellestine. *Woman Power: The Movement for Women's Liberation.* New York: Tower Publications, 1970.

WILLIS, Ellen. Toward a Feminist Sexual Revolution. *Social Text,* fall 1982.

WOMEN *and the New World.* Detroit: Advocators, 1976.

Índice

abuso. *Ver* estupro; abuso verbal; violência

abuso verbal 83–84, 87, 106, 177

ação afirmativa 91, 101, 150–151

acordos por escrito 206

adolescentes 34, 183, 198, 215, 220

afro-americanos 168. *Ver* homens negros; mulheres negras

agressão 43, 74, 81, 87, 98, 175, 178, 181, 184, 186, 187. *Ver* estupro; violência

alfabetização 163–173, 171–173

amor
    equiparado à violência 182–186
    transformador 235

amor romântico. *Ver* amor

Amos, Valerie 65, 72

André, Rae 158

Angelou, Maria 114

antifeminismo 74, 111, 198–199, 229, 233, 237

anti-intelectualismo 169–172

apoio 103–104

Aptheker, Bettina 84

Atkinson, Ti-Grace 116

autoridade coercitiva 71–72, 73, 176–181. *Ver também* hierarquias e pensamento hierárquico; violência

Badinter, Elisabeth 197, 201

Barber, Benjamin 32, 147, 148, 149, 150

bem-estar social 156, 161

Berg, Barbara 55, 56

Bernard, Jessie 197

Bird, Caroline 100, 148

Boggs, Grace Lee e James 108, 140, 159, 170, 232

Brico, Antonia 116

Brown, Rita Mae 30, 245

Bunch, Charlotte 49, 65, 163, 172

Cagan, Leslie 189

campanhas de divulgação 165–168, 205–207

capitalismo
    natureza exploratória do 142–145, 154–156, 231–232
    patriarcado e 37, 179–182

preocupações cooptadas pelo 35–37, 52–53, 137–138, 229–231

carreira 28, 31, 85, 87, 101, 102, 103, 125, 152, 184, 185, 198, 199. *Ver também* trabalho

Cartledge, Sue 216

Cassell, Joan 81

Cate, Rodney 183

Césaire, Aimé 75

Chesler, Phyllis 132, 144, 197

Children's Defense Fund 207

Chodorow, Nancy 198

Clarke, Cheryl 223

classismo
    no movimento feminista 28–29, 46, 69, 75, 77, 83, 153
    racismo e 29–30

Coletivo Combahee River 229

comunicação, formas de 97–99

comunidade
    raça e papéis na 114–115, 209–210
    senso de 60–62

Conerly, Morris 127, 128

consumismo 28, 144, 156, 227, 239

controle populacional 210

Cornwell, Anita 41

Coward, Rosalind 216

crianças
    controle abusivo de 135, 177, 183–184
    excesso de investimento emocional em 209–210
    socialização de 71, 158, 183–184, 206–207

críticas
    construtivas 107–109
    destrutivas 106–107

cuidado infantil em comunidades 209–212. *Ver também* parentalidade

cuidado materno 201, 202. *Ver também* maternidade e cuidado materno

cuidado paterno 199–207

culpa 91, 218, 224

Daly, Mary 59

definições, rejeição de 141–142

Delphy, Christine 33
desarmamento nuclear 186, 187. *Ver* movimento antiguerra
dialogismo 235
diferença cultural 96–100
dinheiro 124–125, 142
direitos humanos. *Ver* luta antirracista
discurso privilegiado 42, 168–170
divórcio 53, 153
Dixon, Marlene 58
donas de casa e trabalho doméstico 28, 51, 85, 102, 144, 149, 157, 158, 159, 197, 200
dualismo 63, 70–71, 146, 179, 187, 237

Echols, Alice 231
economia como agenda 154–161
educação. *Ver também* programas de estudos das mulheres
    alfabetização 163–166, 171–173
    divulgação 166–167
Ehrenreich, Barbara 152, 154, 155
Ehrlich, Carol 36
Eisenstein, Zillah 36, 50
Emenda dos Direitos Iguais 137, 230
emprego 32, 36, 50, 53, 85, 101, 126, 150, 151, 156, 160, 179, 181, 195, 230. *Ver também* carreiras; trabalho
Enloe, Cynthia 193
espaços centrados nas mulheres 59–61
essencialismo 33, 45, 52, 134–135, 175–178, 198–199
estereótipos e mitos. *Ver* mitos e estereótipos
estilo de vida do feminismo 31, 35, 59–61, 64
estupro 217, 222
Evans, Sara 84
exclusão 37–41
experiência vivida 24, 29–31, 38, 46, 60, 64–65, 91, 170
exploração econômica 150, 154, 155. *Ver* capitalismo

facciosismo 104–105
família
    mulheres brancas e 72–73, 203
    mulheres negras e 72, 195–196, 209
    patriarcado na 40–41, 177–178, 179–180
    socialização na 70–72
    violência na 175–186
Fanon, Frantz 75
feminismo. *Ver também* movimento feminista
    acesso ao 163–173
    burguês 34–37, 50–53, 66
    como estilo de vida 59–61

defesa do 63–64
dificuldade em definir o 47–48, 55–56
entendimento político do 56–66, 76–77
experiência vivida e 29–31, 38, 46, 60, 64–65
institucionalização do 34–35, 68–69, 167
marxismo e 30, 36
narrativa pessoal e 56–57
negação do termo por mulheres 53–55, 58–59
feminismo radical 34–36, 49–50, 131–132. *Ver também* feminismo socialista
vertente reacionária do 35–36, 49–51, 116–119, 123–125, 130
feminismo socialista 45, 103–104. *Ver também* feminismo radical
Feministe Mystique, The (A Mística Feminina) 27, 29
filosofia
    dualista ocidental 63–64, 70–72, 74–75, 179–186
    oriental 158
fofoca 87
Fouque, Antoinette 35
Freeman, Jo 86
Freire, Paulo 75, 76, 169, 173, 235, 240
Friday, Nancy 197
Friedan, Betty 15, 27, 28, 29, 147
Fritz, Leah 31, 81, 101, 102
Funiciello, Theresa 94

gênero
    papéis de 71, 111, 119, 126–127, 134, 187–188
    privilégio de acordo com o 45–46
Goodman, Ellen 220
Goodman, Emily Jane 132, 133
Goodman, Gerre 220
Gornick, Vivian 142
Greene, Bob 54
Greer, Germaine 215
Griffin, Susan 38, 236
Gross, Jeanne 53, 59
grupos de conscientização 84, 86, 118, 129
guerra. *Ver* militarismo

Hanisch, Carol 126, 127
Harding, Sandra 230
Hartsock, Nancy 138
Heath, Stephen 226, 227
Hellman, Lillian 44
heterossexismo 74, 105, 220–227

250   ÍNDICE

hierarquias e pensamento hierárquico 71, 177–181
Hodge, John 70, 71, 74, 179
homens
como companheiros 111, 127–129
da classe baixa 48, 119
educação dos 117–120, 203, 219
efeitos do sexismo nos 117–123, 180–184
egoístas 126–127
negros. *Ver* homens negros
paternidade e 200–201
sexualidade e 217–218
violência e 119–123, 175–187
vistos como inimigos 58–59, 67–68, 111–124, 221, 231
homens negros
sexismo e 45, 120–121
violência e 181–182
homofobia 55, 61, 88, 220–223
Hornacek, Paul 118

ideologia 38. *Ver também* dualismo; essencialismo
individualista liberal 37, 47–48, 51–52, 55–56, 62, 123
libertadora 233–236
idosos 210
igualdade no emprego. *Ver* ação afirmativa
igualdade social 46, 49, 51, 58, 66, 69, 102, 112, 129, 132, 137, 231
imperialismo
cultural 60, 62
militarismo e 190–193
individualismo 37, 47, 123, 143
interdependência 124
interesses oportunistas 234–237
irmandade
alcançar a verdade 98–100, 105–109
clasismo como barreira para 100–105
falso conceito de 79–85, 105–106
racismo como barreira para 88–100
sexismo como barreira para 79–81, 85–88

Janeway, Elizabeth 141, 208
jargão 168
Joseph, Gloria 90
jovens 61, 71, 150, 153, 158, 193, 215, 219
Justice, Joy 119

Kennedy, Florynce 81
Koen, Susan 186

Kollias, Karen 136

Lakey, George 220
Lakey, Judy 220
Leon, Barbara 116
ler e escrever. *Ver* alfabetização
lésbicas 55, 61, 104, 178, 185, 197, 216, 220, 221, 222, 223, 224, 228, 240
luta pela libertação sexual 220–225
maternidade e 197, 206
separatismo e 116, 117, 118, 124
libertação sexual
ênfase na 219–220
esforços iniciais para a 215–217
luta das lésbicas para a 220–225
tipo emancipatório da 222–225
liderança
mulheres negras e comunidade 114–115
necessária 234–235
linguagem
acessível 167–169
sexista 76
luta antirracista 92, 113, 115, 130
lutas pela libertação 190. *Ver também* luta antirracista; libertação sexual

Malos, Ellen 158
Manifesto Redstockings 81, 113
Markovic, Mihailo 52
marxismo 36, 90. *Ver também* feminismo radical; feminismo socialista
masculinidade frustrada 121
maternidade e cuidado materno. *Ver também* parentalidade
desvalorizados pelo movimento feminista 197–200
romantização da 187–190, 197–202
McCandless, Cathy 124
Memmi, Albert 75
mentalidade de vítima 81–84, 101–105, 131–134
mercado de trabalho 53, 100, 150, 152, 157, 195
mídia 20, 34, 48, 153, 164, 199. *Ver também* televisão
militarismo
imperialismo e 190–193
patriarcado e 186–190
missionárias 190–191
mitos e estereótipos 201–202
da maternidade 188–190, 197–204

das mulheres negras 44, 82, 84
do pacifismo das mulheres 188, 190
modelos
criança e 204
para o movimento feminista 135–137
Montgomery, Helen 190, 191
Moraga, Cherrie 216
Morrison, Toni 87, 89
movimento das mulheres. *Ver* movimento feminista
movimento feminista. *Ver também* feminismo
apropriação de experiência no 41–42, 93–94
classismo e 28–30, 55, 72–73, 81–82, 100–105, 147–148, 150–152
facciosismo 104–105
fama no 34–35, 54
formação no 163–167
futuro do 65–66, 229–237
homens como companheiros no 111–112, 127–130
homens como inimigo no 58–60, 67–68, 111–124, 221, 231, 236
igualdade social como objetivo do 27–29, 34–36, 47–52, 55–56, 111–112, 230–231
integração capitalista do 34–37, 51–53, 131–137, 131–138, 229–231
irmandade e 79–109
lésbicas no 61–62, 220–225
maternidade e 195–209
mentalidade de vítima no 80–84, 105, 131–134
mulheres e 33–35, 37–46, 53, 63–66
objetificação no 42
pobreza e 152–156
racismo e 28–30, 40–46, 88–100
revolução sexual no 215–227
separatismo e 59–62
socialismo e 45, 103–104
teoria e prática no 64–66, 170–173, 235–236
tratamento da família no 71–74
tratamento de dissidência no 36–41, 59–60
mulheres. *Ver também* mulheres negras; mulheres brancas; mulheres de cor
alfabetização e 163–166, 171–173
classe baixa e 48–49, 101–104
cumplicidade na cultura da violência das 176, 184–186, 188–193
divisão de classe entre 100–105. *Ver também* classismo
divorciadas 53, 152
educação de 178, 205
formação e 163–173
interesses divergentes das 27–35, 48–49, 79–81, 96–100

pobreza e 102–104, 152–156, 199
poder de consumo das 143–144
sexismo por 79–80, 84–88, 107
trabalho e 28–29, 53, 126, 147–161, 180–181
violência contra as 175–186
mulheres agredidas, abrigos para 175
mulheres brancas
e estilos de comunicação 98
família e 72–73, 203–204
imperialismo e 190–191
mercado de trabalho e 88–89, 100–101, 148–151
movimento feminista dominado por 29–31, 39–45, 64–65, 68–69, 92–94, 151–152
pobreza e 152–156
relacionamentos inter-raciais e 88–91
mulheres da classe baixa 48, 101–103, 141, 203–204
como exemplo 136–137
trabalho e 149–152
mulheres de cor 18, 90, 94, 95, 96, 99, 166, 171, 172. *Ver também* mulheres negras
anti-intelectualismo e 171
divisão entre 96–100
e os homens 112–116
experiência de apropriação 41–42, 64–66, 93–94, 170–172
trabalho e 148–152
mulheres não brancas. *Ver* mulheres de cor
mulheres negras
antirracismo e 26, 45–46, 63–65, 113–115
experiência de apropriação 41–42, 64–66, 93–94, 170–172
família e 72, 195–196, 209–210
homens negros e 45–46, 113–115, 119–122
liderança comunitária e 113–115
mitos e estereótipos das 44, 82, 84
movimento feminista e 33–35, 38–46, 53–54, 63–66
relacionamentos inter-raciais e 88–91
trabalho e 150–152, 184, 195–197, 208–209
violência e 120–121, 181–182, 185–186

neovitorianismo 224–225
nexo de opressão 45–46, 48–49, 58–60, 69–71, 231–232

Oakley, Ann 157
objetificação 187–189, 226
no movimento feminista 42
sexual 217, 219–220
O'Connor, Sandra Day 137, 138

opressão. *Ver também* classismo; heterossexismo; racismo; sexismo
  comparações de 30–32, 39–41, 48–49, 79–81, 98–99, 101–103
  ideologia da 69–71, 74
organização 83, 90
orientalismo 158

pacifismo 117, 188–189
pais e paternidade. *Ver* cuidado paterno
palavra escrita 163–166, 169
papéis sexuais 69, 111, 126, 127, 134, 181
parentalidade 197, 200, 201, 202, 203, 204, 206, 210, 211, 212. *Ver também* cuidado infantil; maternidade e cuidado materno; cuidado paterno
  baseada na comunidade 209–212
  responsabilidade compartilhada na 199–208
  solteiro e 197, 206, 210, 212
parentesco. *Ver* família
Parmar, Pratibha 65, 72
patriarcado. *Ver também* nexo de opressão
  capitalismo e 32, 179–180
  família e 39–41, 70–72, 177–178
  imperialismo e 188–190
  masculinidade frustrada e 119–123, 179–183
Patrick, Jane 183
pensamento ocidental. *Ver* filosofia, dualista ocidental
Person, Ethel 216, 217
pobreza 23, 152, 153, 154, 155, 199
poder. *Ver também* igualdade social
  criativo 131–132, 138–139, 180–182
  de descrer 141–142
  dentro do sistema 131–139
  dos consumidores 143–144
pornografia 217, 231
prática, teoria e 61–62, 169–173, 235–236
preconceito. *Ver* classismo; racismo; sexismo
privação material 102–103, 152–156
programas de estudos das mulheres 41–42, 86–88
  isolamento de 167

racismo. *Ver também* luta antirracista
  classismo e 29–31
  culpabilidade e 41–42, 94–96
  internalizado 96, 115
  no movimento feminista 28–30, 41–46, 88–100
raiva 27, 39, 42–45, 67–68, 87, 96, 107–109, 112, 129
Reagan, Ronald 137

reducionismo biológico 50, 189, 190. *Ver também* essencialismo
reformas e reformismo 35, 49–54, 50, 51, 66, 229–234
relacionamentos
  inter-raciais 88–91
  íntimos 71, 178–186
revolução
  e reformismo 229–231
  passos em direção à 233–237
  rebelião comparada à 231–233
Rich, Adrienne 198
romances 184
Ruddick, Sara 201, 202, 203
Rule, Jane 105, 106
Ryan, Joanna 216

Saffioti, Heleieth 51, 52, 239
Schechter, Susan 175, 176, 178, 185
Schoonmaker, Mary Ellen 199, 207
separatismo 116, 117, 118, 124
sessões de rap. *Ver* grupos de conscientização
sexismo. *Ver também* patriarcado
  denúncia pública e 121–122
  educação e 71–72, 117–120
  efeitos nos homens 117–123, 180–183
  família e 70–72
  homens da classe baixa e 48
  homens negros e 45–46
  ideologia do 69–71, 119–121
  por mulheres 79–80, 85–88
sistema de valores. *Ver também* classismo; racismo; sexismo
  alternativo 234–237
  supostamente adotado por mulheres 133–135, 139–140, 187–190
Smith, Barbara 81, 121, 122, 222
Snitow, Ann 216
Snodgrass, Jon 129
socialismo 16, 103, 104, 232
socialização 63
  contexto familiar da 71–72
  das mulheres 177–178
  de crianças 71, 135, 158, 183, 204–208
  dos homens 117–120, 203
  na cultura da violência 175–187, 192–193
sofrimento
  comparações de 31–34, 39–41, 48–49, 79–81, 98–99, 101–103
  material 102–104, 152–157, 199

sofrimento psicológico 27–28
    homens e 117–123
    trabalho e 149–150, 155–161, 185–186
    valorização do 101–103
Spelman, Elizabeth 93
Stallard, Karin 152, 154, 155
Stambler, Sookie 34
Stansell, Christine 216

Tate, Claudia 114
televisão 87, 125, 182, 199
teoria 235–236
    e prática 61–62, 169–172, 235–236
    papel da 64–66
Thompson, Sharon 216
Thorne, Barrie 73
Thorne, Erika 220
trabalho. *Ver também* carreiras
    compartilhado 154–155
    conceitualização positiva do 159–161
    doméstico 28, 85, 102, 149, 157, 158, 159, 197, 200
    mulheres de cor e 149–152
    mulheres negras e 151–152, 185, 195–197, 209
    papéis sexuais no 111, 126

serviço 157
sofrimento psicológico e 149–150, 155–161, 185–186
troca de códigos 97–98

Valeska, Lucia 211
Vazquez, Carmen 47
violência. *Ver também* militarismo
    amor igual a 183–186
    ciclo de 181–183
    contexto familiar e 175–186
    homens e 119–123, 181–183
    mulheres negras e 120–121, 181–182, 185–186
vitimização 44, 82, 84, 127. *Ver também* opressão

Walters, Barbara 101
Walton, Patty 192
Ware, Cellestine 49, 131
Willis, Ellen 217, 218, 224
Women and a New World (As Mulheres e o Novo Mundo) 49

Yrigoyei, Isabel 99

Este livro foi impresso em São Bernardo do Campo,
nas oficinas da Paym Gráfica e Editora,
para a Editora Perspectiva